KB092967

아이를 학원에 보내기 전에
엄마가 꼭 알아야 할

초등 공부력의 비밀

아이를 학원에 보내기 전에
엄마가 꼭 알아야 할

초등 공부력의 비밀

기시모토 히로시 지음
홍성민 옮김
남미숙 감수

우리는 아이 인생에서 가장 '기본'이 되는 것을 가르치는
이 모든 것이 초등 교육에서 탄탄히 자리잡게 해야 한다.
학교와 가정이 서로 손잡고 말이다.

초등 공부력은 '보이는 학력'과
'보이지 않는 학력'으로 만들어진다

1993년 일본의 청소년 비행건수는 약 13만 건으로, 역사상 최고였던 1983년의 16만 건에 비해 약간 감소했지만 형법범 총 검거건수의 절반을 차지했다. 연령층을 보면 14~16세가 65.6%나 되었다. 그 가운데 95%가 저학력(低學力) 아이들이다.

지각 능력에는 문제가 없지만 쓰기 공부를 비롯한 학력이 크게 뒤떨어져 '학습부진아'라는 꼬리표가 달린 아이들이다. 저학력 아이들에게 진학의 벽은 높아 자연히 그들의 장래는 불투명하다. 벽을 허물 수 있게 손을 내밀어주는 어른도 거의 없는 아이들은 자신의 운명을 어떻게 개척해야 할지 짐작도 하지 못한다. 이들에게 적절한 조언과 지도를 해주는 어른은 아무도 없다. 이들은 초등학교에 입학한 이래 줄곧 그래왔고 유아기 때 역시 대부분 마찬가지였다.

학력 면에서의 저능(低能)은 저학력이고, 인격적인 면에서의 저능은 비행으로, 두 가지는 밀접한 관계에 있다. 한 세대 전만 해도 비행은 일과성이었다. 부모의 눈물 어린 호소나 선생님의 호된 꾸지람이 있으면 두 번 다시 일어나지 않았다. 하지만 최근에는 그렇지 않다. 빈곤, 방임, 과보호, 저학력, 퇴폐, 낭비가 복합적으로 관련된 구조적 비행이기 때문이다. 어른의 질책이나 따끔한 애정으로 제자리로 돌아가는 그런 비행이 아니어서 한 달이 지나면 이들은 다시 비행을 저지른다.

일본의 교육은 1960년대 고도 경제성장 아래 학력 테스트 체제에서 정상화 체제로 이행했다. 자동차는 아이들을 골목에서 몰아냈고, 개발은 아이들로부터 마음껏 뛰놀던 뒷산을 빼앗았다. 대신 그것들과 맞바꿔 그들에게 컬러텔레비전을 선물했다. 그리고 대중매체는 삼무주의(三無主義) 즉, 무기력, 무책임, 무관심한 아이들이 증가했다고 선전했다. 이 시기, 아이들의 학력과 인격은 정체와 퇴보를 나타냈다.

1970년대에 들어서면서 엔화절상, 원유가격 상승으로 고도 경제성장은 종말을 맞게 된다. 지속되는 불황에 치솟는 물가가 서민들의 생활을 위협했고, 가정과 지역의 교육력은 쇠퇴했다. 이후 교육계에서는 '능력주의 교육'이 선언되면서 교과서 내용이 이상하다 싶을 정도로 어려워졌다.

이전까지는 반 년에 걸쳐 가르치던 히라가나의 읽기와 쓰기를 이제 한 달 안에 끝내야 했다. 초등학교 1학년 과정에서는 '8+7' 같은 한 자릿수의 덧셈, 뺄셈만 할 수 있어도 충분하던 것이 지금은 '63+69'와 같은 두 자릿수의 덧셈, 뺄셈까지 해내야 한다. 초등학교 2학년 역시 다르지 않아 반년 동안 공부했던 곱셈 구구단을 한 달에 끝내고, '83+69' 같은 두 자릿수 덧셈까지만 하던 것을 네 자릿수에서 세 자릿수를 빼는 뺄셈까지 다루었다.

한자도 크게 늘었다. 2학년 교재에 말씀 언(言) 변의 글자인 '話·記·語·讀·計'가 나온다. 그러나 정작 '言'은 3학년 때 처음 배우고 '舌'은 5학년 때 배우는 한자다. '弟·强·弱·引'은 2학년 때 배우면서 정작 '弓'이라는 한자는 6학년 때 배운다. 또 '短'은 3학년, '矢'는 6학년, '豆'는 중학교 때 배우도록 배치되었다. 사정이 이렇다 보니 점점 한자를 쓸 수 없는 아이들이 많아지는 것은 당연했다.

1981년부터는 중학교에도 주(週)당 4시간의 유토리('여유'라는 뜻. 일본은 학생의 자율성 및 인성 교육을 중시한 '유토리 교육'을 1976년부터 도입, 2002년 일본 공교육에 본격 적용하였으나 '학력 저하의 주범'으로 비판받으며 최근 유토리 교육 탈피를 공식 선언했다―옮긴이) 시간이 배치되면서 영어는 주당 4시간에서 3시간으로 줄었다. 그렇다고 해서 고등학교와 대학입시가 쉬워진다는 보장이 있는 것도 아니었다.

유명대학 진학을 목표로 하는 사립 중학교에서는 중고 일관제인 6년 교육이라는 이유로 중학교 1학년부터 영어는 한 주당 영문독해·영문법·영작문 각 2시간과 영어회화 1시간 등 총 7시간, 수학은 대수·기하 각 3시간씩 총 6시간을 배정했다. 일류대학 합격을 위해 가장 효율적인 교수(敎授) 시스템을 편성하고 유토리 시간을 주입식 교육인 '지육(智育, 지식을 습득하고 적용하는 목적의 교육―옮긴이)'에 활용한 것이다. 문부성이 고시하는 지도요령에는 그 학교의 특징에 맞게 탄력적인 교육과정을 마련하면 된다고 되어 있었다.

그 결과, 1987년 봄부터 대학입시에는 '일류대학' 합격자 가운데 사립중고 및 대학부속고 출신자가 압도적으로 높은 비율을 차지하게 되었다. 공립 중학교에서 공립 고등학교로 진학한 아이들은 유명대학 입시에서 엄청난 타격을 입어 재수를 하지 않으면 합격은 꿈도 꿀 수 없었다. 이것은 차별교육의 전국화라고밖에는 얘기할 수 없는데, 이런 대규모 차별교육은 태평양전쟁 이후 처음이었다.

학력사회의 중압과 불투명한 장래라는 이중고에 처한 아이들에게 80년대는 고통스럽고 답답한 10년이었다. 저학력인 상태로 학년만 올라가는 아이들 중에는 터무니없는 비행을 저지르는 경우가 적지 않았다. 80년대는 아이들의 학력과 인격이 쇠퇴와 붕괴의 길을 걸었다. 죄를 짓고 살인까지 저지르는 소년 범죄가 미국의 뒤를 쫓듯 여기저기서 발생한 10년이었다.

90년대가 되자 '개성존중' 교육을 더욱 강화하기 위해 신학력관(新學力觀)을 내세웠다. 지식이나 기능보다 의욕, 관심, 태도가 중시되면서 통지표 성적평가에서는 시험점수뿐 아니라 공부에 대한 자세와 열의도 표시했다.

초등학교 때 996자를 배우던 한자는 1,006자로 늘었다. 그것도 '議'는 4학년, '義'는 5학년, '我'와 '私'는 6학년 식으로 상식 밖의 순서로 가르치는 학습이 버젓이 통하는 교육이 되어버렸다. 뿐만 아니라, 고학년에서는 새로운 한자가 줄고 저학년과 중학년에서 많이 배워야 했다. 그로 인해 1, 2, 3학년 아이들은 가나 문자(한자를 바탕으로 해서 일본어를 표기하기 위해 만들어진 문자로, 현재 쓰이는 것은 히라가나와 가타카나다―옮긴이) 142자와 한자 440자를 습득하지 않으면 안 되는 부담을 안게 되었다.

수학도 어려워졌다. 1학년이 분 단위의 시각을 읽어야 하고, 2학년 과정에서 밀리리터(㎖)가 나오고 일차방정식과 유사한 문제를 풀어야 했다. 중학교 때 배웠던 원기둥·삼각기둥·사각기둥의 체적·표면적 구하기도 초등학교로 내려왔다.

그런데다 계산 공부는 대충 이루어졌다. 한 세대 전만 해도 2학년 과정에서 가장 어려운 계산은 '74-38' 같은 두 자릿수 뺄셈이었다. 지금은 2학년 말에 1시간 정도 '네 자릿수-세 자릿수'를 가르친다. 그리고 3학년 7월에 '다섯 자릿수-다섯 자릿수'를 아주 잠깐 배우는 것으로 뺄셈 학습이 끝난다.

4학년 5월 연휴가 끝나면 '다섯 자릿수÷세 자릿수' 계산이 나온다. '세 자릿수÷세 자릿수' 계산도 쉽지 않은 아이는 이런 계산은 손도 못 댄다. 계산 방법과 과정을 배우긴 해도 계산력은 반복 연습해야만 자기 실력이 될 수 있다. 또, 문장제(서술형 문제)를 많이 접하지 않으면 확실한 실력을 쌓을 수 없다.

학교에서는 아이들을 이해시키는 데 목표를 두고 수업을 진행하므로 안타깝게도 반복해 연습시킬 시간이 없다. 그런 이유로 열심인 선생님은 숙제로 상당량을 내주는데, 세 자릿수 뺄셈도 변변히 못하는 아이에게 '다섯 자릿수÷세 자릿수' 문제 풀이가 가능할 리 없다. 학부모들은 화를 내며 "숙제가 너무 많다", "학교에서 제대로 가르쳐야지 부모에게 뒤치다꺼리를 시키는 건 질색이다"라며 교사를 비판하고 항의한다. 선생님 입장에서 이런 뒤탈이 없으려면 숙제를 내주지 않으면 되고, 그러면 아이들은 마음 편히 지낼 수 있다. 학원에 다니는 아이는 그곳에서 실력을 키울 테니 그것으로 모두가 해피엔딩이다. 그래서 이렇게 된 것이다.

예전에는 '네 자릿수-네 자릿수' 계산은 4학년 6월에 2주 동안 가르쳤다. 당시에도 '4003-2907' 같은 문제는 "못하겠다, 모르겠다"고 하는 아이가 많아 2주 동안 열심히 가르쳐야 겨우 모든 아이가 계산할 수 있었다. 그랬던 것을 지금은 2학년 말이나 3학년 초에 겨우 2시간 공부하는 것으로 끝이다.

요즘 6학년의 교과 내용은 이전보다 쉬워졌다. 이전처럼 동물의 다릿수로 마릿수를 알아맞히는 학거북산, 흐르는 물에서 배의 빠르기를 계산하는 유수산(流水算), 차이가 일정한 나이를 계산하는 연령산(年齡算), 남고 모자람을 이용해서 푸는 과부족산(過不足算)은 나오지 않는다. 계산도 쉬워져 곱셈은 '세 자릿수×세 자릿수'로 끝난다. 소괄호(( ))를 사용하는 문제는 있어도 중괄호({ })나 대괄호([ ])를 사용하는 어려운 계산은 없다.

요즘 초등학생들이 6년간 배우는 내용을 정리해보면 지금의 부모들이 그 당시 배웠던 내용보다 쉬워졌다. 단, 고학년 때 배웠던 교재가 한두 학년 아래로 내려감으로써 고학년 때 배웠던 내용을 저학년들이 소화해야 한다. 똑같은 유전적 자질을 갖고 있는 자녀가 부모보다 아래 학년일 때 같은 내용을 습득해야 하는 것이다.

현재(1994년―옮긴이)는 신학력관에 의한 수업이 강화되고 있다. 수년 전만 해도 2학년 과정에서 구구단을 외우지 못하는 아이는 방과 후 따로 남겨 시간을 더 주어서라도 전부 외울 수 있도록 학교에서 지도했다. 그러나 지금은 그러한 방법을 시대에 뒤처진 진부한 방식이라고 생각한다. '아이들에게는 저마다 개성이 있다, 3단까지밖에 못 외우는 아이도 있다, 그것을 획일적으로 가르치려는 것은 진부한 학력관이다, 전부 외우지 못해도 괜찮다, 3학년이 돼서 꼭 필요할 때 의욕만 키워주면 스스로 한다'고 주장하는 것이 신학력관이다.

예를 들어, 학습 내용을 미처 따라오지 못하는 아이에게 나머지 학습을 시키려고 해도 담임선생님들은 4학년 이상 아이들을 위한 특별활동—부활동, 위원회 활동, 행사—준비와 지도를 해야 한다. 가고 싶지 않아도 신학력관 연구회 출장을 가야 할 때도 있다. 교내·외 회의는 매주 두세 번 꼴로 열린다. 그로 인해 담임을 맡은 학급의 학습부진 아동을 봐줄 수 있는 것은 잘해야 일주일에 한 번이 고작이다. 방과 후 아이들과의 접촉이 전혀 없는 학교생활과 연일 계속되는 과로로 녹초가 되어버리는 것이 오늘날 선생님들의 실상이다.

주5일제의 실행으로 휴일은 늘어도 가르치는 내용이나 수준이 쉬워지는 것은 아니다. 당연히 시간당 가르치는 분량은 늘고 수업 진행속도는 빨라졌다. 더구나 쓰기 실력을 키울 수 있는 공부는 점점 준 탓에 학력 저하가 전국적으로 확대되었다.

더구나 이런 상황을 교사가 만든 것도 아닌데 교사가 학습부진아를 만들었다는 식으로 말하는 경우가 적지 않다. 과연 그럴까? 공부를 잘한 사람만 대학 졸업 후 교사 자격증을 취득하여 5배가 넘는 경쟁률을 뚫고 임용고시에 합격해 교사가 된다. 평균 수준의 교사가 평균 수준의 교재, 즉 교과서를 가지고 평균 수준의 수업시간, 즉 지도요령에 정해진 시간을 가르쳐 전국 방방곡곡에 학습부진아가 발생했다면 과연 이것을 교사 개인의 책임이라고 할 수 있을까? 이것은 국가의 문교정책과 경제정책에 기인하는 문제로써 인위적·정책적·의도적으로 학습부진아가 만들어지는 것이지 결코 교사 탓이 아니다. 이것은 한마디로 정치의 힘에 의해 생긴 문제다.

학력 면에서 부진한 아이는 인식능력의 미숙함과 편견을 갖게 된다. 학력을 습득하는 과정에서 형성되는 자율성, 인내심, 극기 같은 덕성도 함양되지 못한 채 성장한다. 미래를 개척하는 자기교육운동 능력의 기초도 열악하다.

지금은 경쟁사회로 학력이 낮은 아이는 장래에 안정된 생활을 누리기가 어려워졌다. 어린아이를 보살피고 싶다는 꿈을 가졌어도 중학교 졸업이라는 학력으로는 보모가 될 수 없다. 일본 텔레비전 드라마 〈3학년 B반 긴파치 선생〉(교사가 주인공인 학원 드라마—옮긴이)과 영화 〈학교〉(야간중학교를 배경으로 한 4부작 시리즈—옮긴이)를 보고 눈물 나게 감동을 준 그 교사처럼 되고 싶어도 고등학교 졸업이 전부인 사람을 교원으로 채용하지는 않는다. 자신을 사랑해준 할아버지가 암으로 쓰러지자 암을 고치는 의학자가 되기로 결심했어도 고등학교 졸업장만으로는 의학 연구자가 될 수는 없다.

수입과 신분이 안정적인 탄탄한 직업을 갖고 싶을 때 지금의 기업사회에서 중요한 것은 학력(學力, 학교 등의 교육기관에서 학습이나 훈련을 통해서 얻은 지적 적응 능력—옮긴이)과 그 증거라 할 수 있는 학력(學歷, 공교육기관에서 학문을 닦고 배운 이력—옮긴이)이다. 미국에서도 불황에는 퇴출대상 1호가 중졸이고 가장 뒤늦게 채용되는 것도 중졸이다. 미국도 실력중심의 사회라고 하지만 실제로는 학력(學歷)이 모든 것을 말한다. 아이비리그로 불리는 11개 대학—하버드, 프린스턴, 예일 등—을 나온 소수의 엘리트가 미국 각 방면의 지도자로서 높은 지위와 수입을 얻고 있다.

우리는 학력(學力)의 효능과 그 증명어음이기도 한 학력(學歷)이 인생에서 얼마나 큰 무게를 갖는지 잘 알고 있다. "학력 중심의 풍조를 바꾸자, 학력사회를 없애자"고 말들은 하지만 그것을 부르짖는 사람들은 통례적으로 유명대학이나 일류대학 출신들이다. 일반 서민은 학력이 갖는 위대한 효능을 지나칠 정도로 잘 알고 있다.

에도시대는 주군이 군림한 사회였다. 메이지유신(메이지 왕 때 막번체제를 무너뜨리고 왕정복고를 이룩한 변혁과정—옮긴이) 이

후 70~80년 동안은 군벌이 위엄을 떨치던 시대였고, 최근 반세기는 기업사회다.

기업의 제일 목적은 이윤을 남기는 것이다. 그러기 위해서는 새로운 기술 개발과 시장 개척, 새로운 기업전략이 필요하다. 국제적인 정세에서부터 어린아이가 갖고 싶어 하는 장난감에 이르기까지 빈틈없이 풍부하면서도 깊은 지식이 요구된다. 어설픈 능력으로는 기업사회에서 통용되지 않는다.

기업 간의 경쟁은 물론이고, 다른 산업이나 유사한 업종 간의 경쟁도 있다. 다른 나라와는 더욱 혹독한 경쟁을 펼친다. 학교 내에서의 경쟁을 없애고 싶어도 기업의 논리는 그것을 허용하지 않는다.

이 생존을 건 기업 간 경쟁은 필연적으로 기업이 필요로 하는 양질의 능력 있는 인재 확보로 관심이 쏠리게 되어 있다. 그것도 사소한 지식량이나 뛰어난 암기능력보다 기업의 발전에 도움이 되는 창조적 사고와 독창성 있는 발상, 인심을 장악하는 조직적 역량을 더 중시한다.

눈앞에 닥쳐온 이러한 과제에 대한 대응으로 얼마 전부터 신학력관에 의한 개성존중 교육이란 것이 문교정책의 중점 과제로 전국에 확산되고 있다. 과연 그것이 해결을 위한 옳은 길일까.

1960년 이래의 고도 경제성장은 과거 일본의 모습을 180도 바꿔놓았다. 도시는 콘크리트 정글이 되었고 해변은 테트라포드(콘크리트제의 호안용 블록—옮긴이)와 축대로 메워져 아름다운 해안의 경치는 없어진 지 오래다. 논과 밭은 공장으로, 고향의 산들은 골프장으로 변했다. 국토 곳곳에 마치 암세포처럼 공업 단지가 증식했다. 하천은 거의 오염되어 맑은 물을 마실 수 있는 지역이 크게 줄어들었다.

이런 가운데 겉모습은 풍요롭지만 실제로는 과로와 분주함에 쫓기는 빈민—보통 중산층이라 불리는 계층—이 국민의 대부분을 차지하게 되었다. 품질 좋은 가구, 자동차, 가전기기를 모두 갖춘, 그야말로 화려한 빈민층의 출현이다.

세계의 많은 나라들은 일본을 그다지 높이 평가하지 않는다. 국제 기구에서는 부자 나라이다 보니 국지전쟁 비용으로 1조 7천억 엔 정도를 분담시키려 하는 것이 고작이다.

이러다가 지성이나 교양, 문화, 혹은 평화와 인권 면에서 세계에 그 전형을 나타낸 적이 전혀 없는 나라로 낙인 찍히는 것은 아닐까 하는 두려움이 생긴다. 국가의 미래를 생각할 때 국민 모두가 높은 지성과 교양을 갖고 예술과 문화를 사랑하며 평화와 인권 면에서 세계 수준의 일꾼을 만들어내는 나라가 되길 바라는 것은 그림의 떡일까.

그렇지 않다. 그것들의 기초가 되는 것이 국민으로서 최저의 공통 교육인 기초 학력이다. 그것은 초등학교에서 습득한다. 신문과 책과 칼럼을 읽을 수 있는 학력, 헌법과 법률을 읽을 수 있는─그리 깊은 이해와 통찰이 없어도 소리 내어 줄줄 읽을 수 있고 무엇을 말하는지 대충 파악하는─힘이 기초 학력이다.

요즘 학생과 청년들은 책을 너무 읽지 않는다. 정확히 말하면 읽지 못한다. 지하철에서는 젊은 회사원이 다리를 쩍 벌리고 앉아 부끄러운 줄 모르고 소년만화 잡지를 읽는다.

일본 왕위의 상징인 세 가지 보물, 삼종신기(神器, 거울·곡옥·검으로, 1950년대부터 1960년대까지는 '세탁기·냉장고·텔레비전'을 가리키는 말로 쓰였다─옮긴이)가 아닌 '텔레비전, 게임, 만화'라는 새로운 삼종신기는 바보를 양산하는 도구가 되어 어린아이부터 어른까지 많은 국민의 두뇌를 갉아먹으며 멍청이로 만들고 있다. 이대로 가면 부모보다 자녀가 더 멍청해지고, 자녀보다 자녀의 자녀가 더 멍청해져서 일본열도 1억 3천만 명 가운데 1억 백치화라는 망국의 길을 걸을 수 있다.

현재 아시아 각국에서 일본에 온 유학생들은 "지금 우리나라는 힘이 없고 가난합니다. 하지만 일본 대학생은 전혀 공부를 하지 않아요. 드라이브, 아르바이트, 골프나 헌팅에 빠져 있죠. 30년이 지나면 일본은 힘 없는 나라가 될 거예요. 우리나라가 훨씬 잘 살겠죠"라고 힘주어 말한다.

《초등 공부력의 비밀》의 개정판은 장래 일본이 그들 유학생의 예언대로 적중하지 않기를 바라는 간절한 마음으로 간행했다. 신학력관이란 것을 믿고 교육하는 한 모든 학급, 모든 학교, 모든 지역, 나라 전체에서 저학력자가 양산될 것이 불 보듯 뻔하다. 그것은 기업의 발전은커녕 유지 존속조차 위험하게 만든다. 결국 일본 기업사회의 전면 도산을 초래할 가능성도 있다. 1989년 소련의 붕괴와 해체가 극적으로 일어났던 것처럼, 새로운 사회가 아닌 무질서한 범죄 사회가 도래하지 않으리라고는 아무도 단언할 수 없다.

제대로 된 학력을 갖추는 것이 낡은 학력관일까? 그렇지 않다. 학력의 기초가 되는 '읽기 · 쓰기 · 계산 능력'은 가능한 한 모든 아이들에게 확실히 가르쳐야 한다. 이것이야말로, 좋은 성적으로 드러나는 '보이는 학력'의 가장 기초가 되는 영역이다. 또한 그것은 단지 대입 입시를 위한 것만이 아닌 국가와 아이들의 미래를 보장하는 가장 현실적이자 실제적인 힘이 된다. 특히 이 책에서 '보이지 않는 학력'으로 말하고 있는 습관, 인내심, 끈기, 의욕, 집중력, 교우관계 등의 기초적인 인성 요소도 공부 근력의 핵심이자 세상을 살아가는 힘이 되어주는 중요한 능력이다.

우리는 아이 인생에서 가장 '기본'이 되는 것을 가르치는 이 모든 것이 초등 교육에서 탄탄히 자리잡게 해야 한다. 학교와 가정이 서로 손잡고 말이다. 그 길잡이로서 이 책을 간행하는 것이므로 꼭 활용해주기 바란다.

기시모토 히로시

아이의 기초 학력과 공부 근력,
바른 인성을 길러주기 위한 좋은 안내서

일본에서 수십 년 동안 읽혀온 교육서인 이 책에서 우리는 과거가 아니라 미래를 본다.

《초등 공부력의 비밀》 개정판은 일본에서 1994년에 출간되었다. 개정판이 나오고도 강산이 두 번 바뀌었다.

이 책을 읽으면서 가장 내 관심을 끌어당기는 것은 그 당시 일본에 대한 아시아 유학생들의 예언이었다.

"지금 우리나라는 힘이 없고 가난합니다. 하지만 일본의 대학생은 전혀 공부를 하지 않아요. 드라이브, 아르바이트, 골프나 헌팅에 빠져 있죠. 30년이 지나면 일본은 힘 없는 나라가 될 거예요. 우리나라가 훨씬 잘 살겠죠."

여기에서 '우리나라'란 아시아의 여러 나라, 그 중에는 한국도 포함될 것이다. 30년 중 20년이 흘렀다. 이런 염려를 경고하고, 학력의 기초가 되는 '읽기 · 쓰기 · 계산 능력'을 강조했던 저자의 호소력이 일본을 구할 수 있었을까?

처음 이 책을 대했을 때는 오래 전에 출간된 책이고 지역도 우리나라와 다른 '일본'이라는 점에서 역사책을 읽는 듯한 거리감을 느꼈던 것이 사실이다. 하지만 차근차근 읽어 가면서 '20년 전의 일본(개정판 기준)'이라는 동떨어짐에도 불구하고 내 주변을, 학교 아이들을, 그리고 우리의 30년 후를 돌아보게 되는 묘한 기운을 느꼈다.

그런 의미에서 이 책이 우리에게 주는 몇 가지 교훈을 정리해 보았다.

'여유' 교육, 정말 '여유'인가?

여백과 쉼이 있는 교육을 하자는 '여유' 교육에 대해서 이 책의 저자는 예리하게 비판을 가하고 있다. 과목별 시간수를 줄이고 그 여유를 아이들의 여유를 위한 시간으로 돌렸지만, 공부해야 하는 학습 내용이 줄지 않았기 때문에 결국 아이들은 줄어든 시간에 원래의 학습 내용을, 전혀 여유롭지 못하게 쫓아가야 한다는 것이다.

사실 교육과정을 개정함에 있어서 시간수만 줄이고 학습해야 하는 내용은 그대로 유지했다는 저자의 주장에 대해서, 그런 무모함은 상식적으로 용납할 수 없는 것이기 때문에 확인이 필요한 부분이다.

하지만 교육과정을 만드는 교육부의 입장에서는 충분히 줄였다고 장담해도, 교실에서 아이를 가르치는 교사가 그렇지 않다고 한다면 그렇지 않은 것이다.

한국 상황에서도 이와 같이 교육과정의 내용을 줄이고 수준을 낮춤으로써 학습 스트레스를 줄이기 위해 노력하고 있지만, 실제 수업 장면으로 들어가면 선생님은 가르칠 내용은 많고 시간은 늘 부족하다고 허덕인다.

가만히 들여다보면 사정은 이렇다. 교과 시간수와 교육 내용은 줄였지만 예전에 사회가, 가정이 하던 교육을 모두 학교에 요구한다. 그리고 가끔 그것을 '여유'라고 한다. 창의적 체험활동을 가르칠 시간을 별도로 마련했지만 턱없이 부족하니까 교과와 통합해서 운영하라고 주문한다. 선생님들은 교과 시간에 교과+인성, 다문화, 진로 등등 마흔 가지가 넘는 교육을 추가해야 한다. 학교에서 다 못한 것을 가정 학습으로 이어지게 하려면 학원 숙제 때문에 지친 아이들이 눈에 밟혀 결국 학교 안에서 다 해결한다.

교과 내용은 줄였지만, 교육 내용과 학교 역할은 몇 배로 커져서 아이들이나 교사나 여유가 없는 것이다. 여유를 누리는 방법까지 학교에서 가르쳐야 하니까.

그런 면에서 진정한 여유를 강조하는 '놀이는 성장의 식량'이라는 나의 글을 중심으로 '보이지 않는 학력의 중요성'을 꼼꼼히 읽어보기를 권한다.

한자는 일본 상황에 국한된 이야기인가?

저자는 '보이는 학력'의 기초로 '읽기 · 쓰기 · 계산 능력'을 제안하고 있다.

이 부분을 우리는 '구태의연하다', '학교에서 가르치지도 않는 한자를 가르치라니(이건 일본 얘기지)', '손닿는 곳 어디에나 계산기가 있는데 매일 계산 연습을 시키라니!' 자칫 이렇게 생각하고 넘어갈 수 있다.

물론 일본에서 한자를 모르는 것과 우리나라에서 한자를 모르는 것은 차원이 다르다. 일본에서는 생활에 불편을 느끼지만 우리나라에서는 한자를 모른다고 해서 그다지 생활이 불편하지는 않다. 그래서 교과서 한자 병기 문제를 두고 의견이 분분하다.

하지만 한자를 공부한 세대와 그렇지 못한 세대의 언어 이해 능력을 비교해 보면, 남들이 한자 병기를 가지고 이러쿵저러쿵 하는 것에 귀 기울일 필요 없이 '내 아이는 무조건 한자를 가르쳐야겠다'는 것이 아이를 키운 엄마, 아이들을 가르치는 교사의 입장이다. '하나를 알면 열을 깨친다'는 것이 한자와 연결된 언어 이해 능력이기 때문이다. 그런 면에서 저자가 제안하는 한자를 가르치는 구체적인 방법을 일본 얘기라고 생각하여 그냥 넘어가지 말고 눈여겨보아야 할 것이다.

마찬가지로 계산 능력도 시대에 뒤떨어진 얘기라고 대강 넘어가기 앞서, 이미 계산 원리를 깨우치고 머리에 배어 있는 어른 입장에서 계산에 있어서는 백지 같은 아이들에게 계산이 필요 없다는 것이 당연한지 한번 짚고 넘어가야 할 것이다. 즐겁게 계산하는 방법, 계산을 통해 자신감까지 키울 수 있다는 기시모토 선생님의 제안에 솔깃해진다.

어제보다 나은 내일

《초등 공부력의 비밀》은 결국 격려를 통한 아이들의 성장을 이야기하고 있다. '옆집 아이보다 나은 우리집 아이'가 아니라 '어제보다 나은 오늘, 오늘보다 나은 내일'이 진정한 성장이라는 점, 그리고 그 성장을 유도하는 손에 잡히는 실천 방법이 '30여 년 전'의 일본이라는 거리감에도 불구하고 이 책에 대한 깊은 공감을 불러온다. 일본에서도 이러한 점이 이 책을 수십 년 '교육서 스테디셀러'로 자리잡게 한 힘이 아닌가 싶다.

이 책을 효과적으로 읽는 팁을 제안하면 다음과 같다.

'이거 옛날 얘기 아니야?'라고 의문을 품는 분에게는 이렇게 답해주고 싶다.

몇백 년 전의 고전을 다시 읽는 까닭을 생각해보라. 고전 속에서 삶의 지혜를 배우듯, 이 책은 교육서의 고전으로 생각해볼 수 있겠다.

일본 교육만의 이야기 아니야?

일본보다 더 먼, 미국 교육을 보고도 얻을 것이 있는데 우리나라와 비슷한 문화를 가진 일본이다. 일본은 우리가 하는 실수를 좀 더 앞서 저지르기도 했다. 먼저 서두르다 '에쿠 실수했네' 하는 옆집 엄마의 경험이다 생각하면 '내 아이를 어떻게 키울까' 하는 고민에 대한 아이디어를 찾아낼 수 있다.

이 책을 보며 우리가 공부 근력과 인생 근력을 키워주는 힘, 평생가는 초등 공부력을 어떻게 키워줄 것인지, 지금 아이들이 커서 어른이 되었을 때 '보이는 학력'과 '보이지 않는 학력' 중 더 중요하게 작용하게 될 것은 무엇인지 가늠해 보는 계기가 되었으면 한다.

《내 아이의 강점은 분명 따로 있다》 저자,
교육학 박사, 서울우솔초등학교 교장 남미숙

차례

1장 초등 공부력의 비밀 ─ 보이지 않는 학력

2장 초등 공부력의 기본 — 보이는 학력

초등
공부력의
비밀

/

보이지 않는 학력

시험이나 통지표의 성적은 한마디로 보이는 학력이다.
보이는 학력을 높이려면 그것의 버팀목이 되는
보이지 않는 학력을 살찌워야 한다.
특히 생활 습관, 인내력, 의욕, 인성 등의 보이지 않는 학력은
성적 등 보이는 학력을 뒷받침해주는 공부력이자 아이가 앞으로
살아가는 데 중요한 기초적인 힘이 된다.

무엇을 위한
기초 학력인가

🎓 '개성존중'이라는 이름의 선별 교육

효율적인 인재의 양성과 안정적 확보는 국가의 핵심 전략 과제다. 일본에서는 1960년대 이래 '능력주의 교육'이 이름과 형태만 바뀌었을 뿐 최우선적으로 추진되어 왔다.

1960년대 초기에는 모든 아이들에게 고학력 획득의 문을 활짝 개방했다. 고등학교가 모든 지역에 설립되어 고등학교 진학은 흔한 일이었다. 유명대학에 진학하려는 열기도 뜨거웠다.

1970년대는 공통 1차 입시와 다양화 실시로 유명대학의 입시 대상자를 규제했다. 유명대학의 입학시험을 볼 수 있는 사람을 같은 세대의 10%로 제한함으로써 대다수 아이들에게 유명대학은 오를 수 없는 높은 산 정상에 피어 있는 꽃과 같았다.

당시 사카다 미치타(坂田道太) 교육부장관은 한 기자회견에서 "앞으로의 교육 개혁은 21세기에 맞는 획기적인 것으로, …… 일정한 선발을 통해 면학 의욕을 가진 자에게 기회를 주어야 한다. 공부하기 싫은 자는 공부하지 않아도 된다"고 말했다. 이것은 이후 '개성존중'의 교육이 될 것이라는 선언이기도 했다. 공식적으로는 '장래 교육제도의 정비 확충에 관한 기본적인 시책에 대하여'라는 제목의 중앙교육시의회 답신이었는데, 그 전까지의 전후(戰後)교육—평화와 민주주의와 평등교육—과의 결별을 알리는 성명이었다.

그리고 나서 초등학교 교재의 내용이 이상하다 싶을 정도로 어려워졌다. 종래 881자를 가르치던 한자가 996자로 늘었고, 1학년의 경우 반년에 걸쳐 가르쳤던 히라가나 학습은 2개월로 단축되었다. 수학은 '6+8'이나 '9+9'까지만 가르쳤던 것을 '62-7', '70-40' 같은 두 자릿수 뺄셈까지 하게 다루었다.

2학년도 반년 걸려 가르쳤던 구구단을 불과 한 달 만에 끝내야 했다. 2학년에서 가장 어려웠던 계산은 '63-27' 같은 두 자릿수 뺄셈이었는데 '1004-865' 같은 네 자릿수 문제까지 다루었다. 그전까지는 네 자릿수 뺄셈을 4학년 6월에 2주에 걸쳐 가르쳤다. 이런 식으로 해서 수업에 따라오지 못하는 학습부진아들이 양산되었다.

부모들은 자위책으로 생활비를 줄여가며 아이를 사립 교육기관인 학원에 보냈다. 학원이 우후죽순처럼 늘어난 것도 바로 1970년대로, 초기에는 대도시와 주변 주택도시, 이후에는 농촌 지역까지 사람 사는 곳이라면 어디든 학원이 생겨났다. 학자라 불리는 사람들 중에는 아이를 학원에 보내는 사태에 대해 냉소 짓는 경우도 적지 않았는데, 그것은 절대 부모의 책임이 아니었다. 그렇게 하지 않으면 자신의 아이가 학습부진아로 전락해버리는 것을 피부로 느낀 부모로서는 당연한 일이었다. 책임은 당시 정부의 교육정책에 있다. 어쩔 수 없이 아이를 학원에 보내는 부모들을 향해 입신 출세주의니 이기주의니 하며 함부로 비웃는 것은 잘못된 행위다. 그렇게 트집 잡을 에너지나 비판할 힘이 있으면 학부형이 아닌 당시 교육정책을 향해 쏟아부을 일이다.

1980년대가 되면서 개성존중 교육은 더욱 강화되었다. 지육에 편중되는 교육을 시정하기 위해 여유로운 교육(유토리 교육)이 초등학교에 도입되었다. 국어, 수학, 사회, 과학, 영어 과목의 수업을 매주 한 시간씩 줄이고 그 시간을 전부 지육 이외의 활동으로 돌리게 했다.

그 이후 한여름의 뜨거운 태양 아래 전교생이 "반짝반짝 별님……" 하고 땀을 흘리면서 칠월칠석 축제를 하고, 북풍이 휘몰아치는 운동장에서 도깨비로 변장한 6학년 아이에게 콩을 던져 도깨비를 퇴치하는 즐거운 입춘 행사가 거의 모든 학교에서 이루어졌다. 중학교에서는 부활동이 강화되었는데 일명, 일본행사 초등학교, 일본부활동 중학교다.

이렇게 다섯 과목에 대해 수업 시간은 각각 한 시간씩 줄었지만 내용이나 수준은 달라지지 않았다. 즉, 수업 시간 한 시간 당 교사가 가르치는 속도가 국어나 수학의 경우 25%나 빨라진 것이다. 사회, 과학, 영어는 이전과 비교해 33%나 빨라졌다. 시간에 쫓기듯 조급하게 가르칠 수밖에 없기 때문에 숙제에도 꼼꼼하게 답을 달아줄 수 없었다. 한자와 계산 연습을 반복해 시킬 여유도 물론 없었다. 특히 가정의 교육력—문화적 수준, 경제적 기반, 기본적 생활—이 약한 계층의 아이는 좋든 싫든 저학력화의 길을 걸었다. 게으른 아이, 건망증이 있는 개성적인 아이도 어쩔 수 없이 불이익을 당해 중증 저학력아가 되기 쉬운 시절이었다. 그리고 나쁜 습관으로 인해 불이익을 거듭 받게 되는 것이 마치 개성존중인 양 되어버렸다.

70년대 교내 폭력, 80년대 왕따의 주역은 대부분 이들 교육정책의 직격탄을 정면으로 맞은 저학력 아이들이었다.

1990년대가 되자 주5일제의 실시로 개성존중 교육은 더욱 강화되었다. 고학력층 부모는 주로 대기업에서 일하거나 전문직으로 수입도 넉넉하고 쉬는 날도 많다. 자연히 자녀와 자연을 즐기고 지적 자극을 줄 수 있는 시설—박물관, 과학관, 도서관—에 갈 여유도 있다. 그러나 산골에 사는 아이나 도시의 저소득층 아이는 토요일이 쉬는 날이라고 해서 부모와의 외출을 기대하기란 어렵다. 하루 종일 텔레비전을 보거나 게임만 할 뿐이다.

한쪽은 지적인 면이 더욱 강화되고, 다른 한쪽은 끈기, 의욕, 모든 것을 잃은 비참한 학력의 아이가 되어버린다. 토요 휴업제가 전면적으로 실시되어(일본에서는 1992년부터 월 1회 토요 휴업제를 실시한 후, 차츰 단계적으로 확대 실시했다. 이후 2011년에 유토리 교육 및 토요 휴업제가 전면 폐지되었다—옮긴이) 학력 격차의 분극화, 양극화는 더욱 심해질 것이다. 그것을 더욱 공고히 하는 것이 교과서 난이도의 상향 조정과 쓰기 공부 실천의 경시다.

이런 문제를 정확히 인식하는 계층은 학력과 관련해서는 민영에 상응하는 교육 기관인 사립학교나 권위 있는 학원에 아이를 맡기게 된다. 공립학교는 학력 향상은 이차적인 문제가 되고, 학교의 레저랜드화, 스포츠랜드화로 이어질 우려가 많다. 이것이 1990년대의 교육이다.

아이의 학력 실태나 수준을 알 수 있는 통지표도 달라졌다. 아무리 읽어봐도 수준을 명확히 알 수 없는 '아유미'(발걸음)라는 이름의 통지표가 전국적으로 만들어졌다('수'에 해당하는 5부터 '가'에 해당하는 1까지의 절대평가 대신 과목의 항목을 세분화해 간단한 평가만 되어 있다─옮긴이). 교사에게 자녀의 학력에 대해 문의해 봐도 정확한 답변을 얻을 수 없었다.

'한자나 계산을 제대로 쓰거나 풀 수 있는지, 문장제를 풀고, 사회나 자연의 내용을 제대로 이해하는지 하는 것들은 단순한 지식과 기능일 뿐 진정한 학력이라 할 수 없다. 그것은 진부한 학력관이다. 앞으로는 새로운 학력관이 중요하다……' 이러한 문교정책은 반드시 전국적으로 저학력 아이들을 양산하게 될 것이다. 그리고 21세기가 되어 '신학력관은 잘못되었다. 역시 읽기·쓰기·계산이 학력의 기초였다. 이제 다시 되돌아가자' 하고 나올 것이다. 마치 중국의 장대하고 비극적이었던 문화대혁명의 실패처럼 말이다. 중국은 그로 인해 한 세대에 몇 억이나 되는 저학력층을 만들었다는 고민을 경험했다. 우리가 그렇게 되어서는 안 된다.

신학력관은 21세기를 사는 일본인을 마약처럼 바보와 멍청이로 만들어버릴 것이다. 그래서 책도 읽지 못하고, 글자도 모르고, 문장도 못 쓰고, 계산도 더딘 새로운 민족이 차례로 양산될 게 뻔하다.

🎓 인생의 버팀목이 되는 공부력

아이들을 교육하는 목적은 무엇일까? 인재를 만들기 위해서일까? 정부는 불과 5%의 인재 양성과 확보를 위해 중앙·지방대학에 돈을 투자한다. 명문 대학 졸업생은 관청과 대기업 취직이 유리하며 수입도 더 좋을 수 있다. 그런데 우리는 꼭 그런 목적으로 자녀를 교육하는 것일까?

물론 자녀의 불안정한 생활을 참고 볼 수 있는 부모는 없다. 할 수 있다면 물질적으로도 풍요로운 생활을 하기 바랄 것이다. 예전에는 집안의 가업을 이으면 큰 부자는 아니어도 안정된 생활을 할 수 있었다. 지금은 기술이든 기능이든 익혀서 어딘가에 취직하지 않으면 살기가 어려워졌다. 자영업은 살아남기 힘든 시대다. 생활하는 데 꼭 필요한 능력은 이제 부모나 스승, 사범이 아니라 학교 교육을 통해 키워진다. 그렇기 때문에 자녀를 이름 있는 대학에 보내고 싶어 하는 것이다. 하지만 그것은 일종의 요행을 기대하는 것과 같다.

아이는 기계나 모터가 아니어서 어른 뜻대로만 되지는 않는다. 억지로 시키면 망가진다. 아이에게는 아이만의 인생이 있다. 기본적으로는 아이 스스로 선택하며 살아가게 해야 한다. 우연히 공부를 좋아해서 24시간 공부에 집중하는 아이는 그에 어울리는 유명대학에 가면 된다. 야구나 축구를 죽기 살기로 연습하는 아이라면 전국 고교 야구대회에 나가 프로 야구팀에 입단하면 된다. 바둑이나 장기라면 밥 먹는 것도 잊고 빠져드는 아이는 그 길을 걷게 하면 될 것이다. 바이올린이나 피아노 연습이 아무리 힘들어도 견디는 아이라면 그 길을 목표로 해서 시키면 된다. 그러면 목적을 이루지 못해 좌절해도 그 과정에서 갖게 된 집중력과 인내심은 인생을 살아가는 큰 힘이 되어 다른 방면에서도 충분히 발휘될 수 있다.

🎓 살아가는 힘이 되는 세 가지 기초 능력

세상을 살아가는 힘으로 작용하는 기초적인 능력에는 크게 세 가지가 있다.

첫째, 기초적 체력·운동 능력이다. 몸이 약하면 살아가는 힘도 약하고 기력도 떨어진다.

둘째, 감응표현 능력이다. 사람의 말을 이해하고 함께 기뻐하거나 슬퍼할 수 있는 능력을 말한다. 또한 남에게 자신이 생각하는 것을 정확히 알리는 능력이다. 이 능력은 어른 세계에서 교육활동·정치활동·예능활동에 특히 필요하다.

셋째, 기초 학력이다. '읽기·쓰기·계산'을 기초로 한 능력으로 인식 발달을 위해 없어서는 안 되는 능력이다. 현대 사회를 파악하고 통찰하며, 민족과 인류와 환경 문제 등 우리가 살아가는 세상에 대해 깊이 고민하고 스스로 미래를 개척하기 위해서는 고도의 과학적 지식이 필요하다. 거기에는 깊고 전문적인 학식과 넓고 포괄적인 시야가 필수인데 열악한 기초 학력으로는 도저히 그런 능력을 습득할 수 없다. 또, 항상 운명에 휘둘리고 사회에서는 무력한 존재가 된다. 사람이 자립해 스스로의 운명을 개척하기 위해서는 세상을 볼 수 있는 힘이 있어야만 한다. 그런 힘은 기초 학력을 토대로 만들어진다. 오늘날 기초 학력의 유무는 살아가는 데 결정적인 조건이 되고 있다.

아이들은 사춘기가 되면 감정의 소용돌이 한가운데로 내던져진다. 독립심과 자존심이 강해지고 이성에 대한 평가에도 민감해진다. 사랑도 하고 상처도 받는다. 또, 남을 비하하기도 한다.

이러한 청소년기 특유의 열정이 입시공부 이외의 분야로 향하면 당연히 성적은 떨어진다. 어떤 아이는 컴퓨터, 어떤 아이는 게임이나 스포츠, 문학, 정치, 음악과 춤, 오토바이……, 아무튼 공부 이외의 것에 열중하는 경우가 종종 있다. 혹은 입시 공부 자체에 의문을 갖거나, 엘리트 지향을 거부하고 순식간에 이탈하는 예도 적지 않다. 그렇다고 해서 이후의 인생이 실패하는 것은 아니다. 더욱 특이한 인생, 더욱 쾌적한 삶, 더욱 마음에 드는 생활, 더욱 충실한 생활을 얼마든지 창조할 수 있다.

살다가 우연한 일을 계기로 열심히 공부하기 시작하는 사람들도 있다. 그럴 때 기초 학력만 있으면 독학으로도 상당한 단계까지 올라갈 수 있다. 갑자기 의사와 기술자가 되기에는 제도적으로 무리가 있지만 다른 일이라면 가능하다. 특별히 직업을 바꾸지 않아도 지금 일하는 곳에서 다른 가치관, 새로운 지식, 기술 체계를 터득하면 정신적·문화적으로 지금까지와는 다른 새로운 내면세계를 쌓을 수 있다. 때에 따라서는 경제적으로도 우대를 받는다.

기초 학력은 이렇게 단순한 대학 진학용 목적이 아니라 더욱 넓은 의미를 갖는 큰 힘이다. 풍부한 기초 학력은 그 사람의 인생을 풍요롭고 여유 있게 만들어주는 토대가 되는 힘이다.

보이지 않는 학력과
선행 체험

🎓 학력은 유전될까

　꾸준히 노력해도 성적이 오르지 않는 아이가 있다. 반면에 평소 공부라면 숙제가 전부일 뿐, 좋아하는 책을 읽거나 틈만 나면 친구들과 놀러다니는데도 높은 학력을 갖추고 있는 아이가 있다. 결국 공부도 타고난 재능이라고 한숨을 내쉬는 어머니도 있다. 정말로 학력 차는 유전적 자질의 차이에서 오는 걸까?

　그렇지 않다. 어떤 아이든 136억 개의 대뇌세포를 갖고 태어난다. 인종에 상관없이 남성이나 여성 모두가 같다. 유전적 자질로 확인되는 것은 언어 습득 능력 정도다. 예를 들면, 원숭이나 개는 아주 간단한 말밖에 이해하지 못한다. 고작해야 100단어 정도다. 드문 일로는 300단어를 이해할 수 있을 때까지 훈련할 수도 있다고 한다. 실제로 그런 일에 성공한 사람이 있다. 야마구치 현(山口縣) 히카리 시(光市)에서 원숭이 쇼를 부활시킨 고(故) 무라사키 요시마사(村崎義正)가 그 주인공이다.

직접 들은 이야기로는 원숭이를 훈련시키면 원숭이와 시선을 마주치지 않고 옆을 향해 말해도 말을 알아듣고 그에 반응한다고 한다. 지금까지 실험실이나 동물원에서 사육되는 침팬지 중에 그 정도의 말까지 이해하는 경우는 없었다.

그렇지만 원숭이 스스로 단어를 구사해 대화할 수는 없고 읽기나 쓰기는 전혀 불가능하다. 말을 기억하고 전달하고 생각하고 표현할 수 있는 존재는 지구상에 인간뿐이다. 언어를 습득할 수 있는 유전적 자질을 갖고 태어나는 것은 인간뿐이다.

지적 능력의 핵심은 언어 능력이다. 흔히 '머리가 좋다', '지능이 높다'고 하는 것은 언어를 사고의 도구로 자유롭게 구사하고 다채로운 개념을 조작할 수 있는 능력이 뛰어나다는 의미다. 이 능력은 후천적인 언어 환경과 학습에 의해 결정된다.

🎓 보이는 학력, 보이지 않는 학력

학교 성적이 좋지 않은 아이에게 열심히 문제집을 사다 주어도 만족스러운 효과를 얻을 수는 없을 것이다. 학원에 보내도 기대에 어긋나는 결과뿐이다. 비밀은 학력의 토대가 되는 언어 능력이 빈약하기 때문이다.

빙산을 떠올려보자. 빙산은 8분의 1만 떠 있고 내부분이 해면 아래에 잠겨 있다. 아이의 학력도 이와 비슷하다. 시험이나 통지표의 성적은 한마디로 보이는 학력이다. 보이는 학력의 토대에는 보이지 않는 학력이 있다. 보이는 학력을 높이려면 그것의 버팀목이 되는 보이지 않는 학력을 살찌워야 한다. 빈약한 토양에서는 작은 과일밖에 열리지 않는 것과 같은 이치다. 특히 생활 습관, 인내력, 의욕, 인성 등의 보이지 않는 학력은 성적 등 보이는 학력을 뒷받침해주는 공부력이자 아이가 앞으로 살아가는 데 중요한 기초적인 힘이 된다.

초등학교에서 배우는 공부의 대부분은 아이의 생활공간에서 보고 듣고 만질 수 있는 것이 소재가 된다. 따라서 학교에서 새로 배우는 교재도 사전에 어떤 예비지식이나 경험이 있는 아이는 이해도 빠르고 쉽게 잊어버리지 않는다.

예를 들어, 평소 일정하고 규칙적인 리듬으로 생활하는 가정의 아이는 기상, 식사, 샤워, 취침 시각이 매일 규칙적이다. 그런 아이는 유아 때부터 시간을 의식한 생활을 경험한다. 학교에서 시계 읽는 방법을 배우지 않아도 입학 전부터 분침, 초침까지 정확히 읽을 수 있다.

반면, 생활 리듬이 일정치 않은 가정에서 자란 아이에게 시계는 아무 도움도 되지 않는다. 오후 7시 10분이면 아버지가 퇴근해 돌아오고 7시 30분에 가족이 함께 저녁 식사를 하는 가정의 아이에게는 시곗바늘의 움직임이 의미를 갖는다. 그러나 언제 퇴근할지 모르는 아버지와 그때마다 식사 시간이 달라지는 생활을 하는 가정의 아이에게 시곗바늘의 움직임이나 시간 계산방법은 그다지 의미를 갖지 못하는 학습이 된다.

가족 간에 시각 약속이 늘 지켜지는 가정의 아이는 시각과 시간에 대한 가치를 알고 있어 학습의 유용성에도 기대를 갖고 학습 내용을 제 것으로 만들 수 있다. 즉, 시간과 시각에 관한 수학 교재를 배우기까지 상당히 풍부한 준비적·선행적인 체험을 축적한 아이는 간단히 이해하고 그 계산의 조작도 어렵지 않게 습득하는 것이다. 반대로 시간에 대한 질서가 없는 가정의 아이는 시간 학습에 의의를 느끼지 못하므로 귀찮고 번거로운 일이 된다. 당연히 습득도 충분히 이뤄지지 않는다.

한자 공부도 다르지 않다. 평소 책을 많이 읽는 아이는 자연스럽게 한자에 익숙해진다. 아직 쓰지는 못해도 한자를 읽을 수는 있다. 학교에서 신출 한자로 가르치면 이미 눈에 익은 친숙한 글자이기 때문에 획순만 배우면 간단히 외워버린다. 숙어도 쉽게 떠올릴 수 있다. 이런 아이에게 한자 외우기는 전혀 힘든 일이 아니어서 항상 90점 이상은 받을 수 있다.

반면, 독서 습관이 없는 아이에게는 국어나 사회과 교과서가 고문용 도구나 다름없다. 들어보지 못한 표현의 문장과 어려운 어구가 나오고 획수가 많은 한자가 잔뜩 등장한다. 수업 1시간에 5자나 10자 정도를 새로 외워야 한다. 집에서도 복습하지 않으면 안 된다. 그러나 평소에 보지 못한 한자들뿐이어서 외워도 금방 잊어버린다. 글짓기를 하며 자신의 생각을 자유롭게 쓰는 것은 생각할 수도 없다. 한자에 대한 선행체험의 많고 적음은 한자 습득에 큰 영향을 준다.

🎓 즐거운 지적 자극

고학년이 되면 지리와 역사를 배운다. 집에 가면 벽에 지도가 붙어 있고 평소 대화에서 여러 지역 이야기가 화제가 된다. 그럴 때마다 지도에서 위치를 확인해보는 과정이 이루어지는 가정의 아이는 자연스럽게 지리 지식을 익히고 공간과 방향 감각이 발달한다. 지구의가 있고, 뉴스에서 보도되는 국명이나 지명, 인명이 저녁 식사의 화젯거리가 되는 가정의 아이는 세계지리를 배우는 것이 전혀 힘들지 않다. 힘들기는커녕 자신 있는 과목이 되어 수업 시간이 즐겁다. 자신의 흥미를 자극하는 공부가 되는 것이다.

휴일마다 가족이 함께 가까운 곳으로 여행을 떠날 때도 큰 강을 건너면 지도에서 그 이름을 찾아보게 하고, 고분 옆을 지날 때 역사서에 나와 있는 전설을 소개해주면 사회과에 자연히 흥미를 갖게 되고 친숙해진다. 자동차를 타도 창 밖으로 보이는 공장을 가리키며 무엇을 만드는 회사인지 그때 바로 가르쳐주는 등 아이의 관심을 자극할 만한 해설을 더해주는 부모의 자녀들은 사회에 관한 지식이 다른 아이보다 훨씬 풍부하다. 그 아이에게 사회과는 통째로 암기하지 않아도 되는 재미있고 즐거운 교과가 되는 것이다. 교과서에 기술되어 있는 내용으로는 부족해 참고 문헌을 뒤적이며 독파한다. 새로운 용어나 사항이 있어도 흡수지가 잉크를 빨아들이듯 아무 어려움 없이 쉽게 기억한다. 성적이 뛰어난 것이 당연하다.

머리 좋은 아이, 이해가 빠른 아이들은 사실 선행체험이 풍부한 것뿐이다. 그런 아이들에게 학교에서의 학습은 기본적으로 알고 있던 것에 추후에 계통을 세우는 형태가 된다.

🎓 왜 맏이가 공부를 잘할까

흔히 선행체험은 양적, 질적으로 맏이가 가장 많이 갖는다. 부모는 고대했던 첫아이인 만큼 특별히 귀여워한다. 세심한 주의로 보살피고 조금만 칭얼대면 바로 달려가 달래준다. 젖을 주면서도 마음을 담아 말을 건넨다. 아기가 살짝 미소라도 지으면 집안 식구 모두 기뻐하고 흥분한다. 할아버지와 할머니도 첫 손자라서 신경을 쓴다. 많지 않은 연금을 쪼개서라도 좋은 장난감을 사준다. 일요일에는 온 식구가 다 같이 놀아준다. 아직은 이른데도 그림책을 사서 읽어주고 까꿍놀이, 비행기놀이를 수도 없이 해준다. 이렇게 맏이는 신체적으로나 지적으로 양질의 자극을 받으며 순조롭게 성장한다.

그러나 둘째부터는 그렇게 보살필 수 없다. 아버지는 맏이 때에 비해 직장에서 책임 있는 일을 해야 하고 보다 높은 지위에 오른다. 그래서 매일 일찍 퇴근할 수 없다. 어머니도 맏이를 키운 경험으로 자신감이 생기기 때문에 조금 칭얼대거나 감기에 걸려도 그다지 동요하지 않는다. 게다가 맏이가 동생을 조금씩 상대해주기 때문에 언제나 둘째 아이에게 매달려 있지 않아도 된다.

이런 이유로 둘째 아이부터는 언어 능력 발달을 위해 말을 걸어준다거나 질적으로 높은 자극을 주는 데 소홀해진다. 당연히 언어에 관한 선행체험이 맏이에 비해 적어진다. 이것은 학력에 곧바로 영향을 준다. 또, 휴일이면 이곳저곳 데리고 다니던 맏이와는 달리 둘째 아이부터는 집 근처에서 놀리는 것이 대부분이다. 부모 모두 중년이 되어 아이를 데리고 집 밖에 나가는 것이 힘에 부치는 걸까.

외부로부터의 다양한 자극은 아이의 지적 호기심의 발현을 자극하고 사고를 활발하게 한다. 맏이의 경우는 부모가 이곳 저곳 데리고 다니는 과정에서 "저게 뭐야?", "왜?" 하고 부모에게 마음껏 질문을 퍼붓는다. 부모가 그 질문들 하나하나에 정성스레 대답해주는 것에 아이는 만족하고 지적 활동은 더욱 촉진된다. 그렇기 때문에 학력을 규정하는 언어 능력 발달에서도 맏이가 유리하다. 그런 이유로 학교에서의 성적은 대체적으로 맏이가 좋은 편이다.

반면 맏이가 태어났을 때 부모가 너무 젊어 육아에 열의가 없는 경우나 경제적으로 어려워 먹고살기에 급급하고 눈코 뜰 새 없이 바쁜 경우 등에는 오히려 생활에 조금 여유가 생겼을 때 태어난 둘째가 언어 능력이 더 발달한다. 일반적으로는 맏이가 학력이 높으며 둘째는 다부지고 생활력이 있는 경향이 높다.

미국에서는 고학력아는 맏이가 많다는 조사를 발표했다. 전미 정신위생연구소에서 실시한 조사 결과에 의하면, 형제수가 적은 가정의 맏이와 외동아이일수록 공부를 잘하고 성적도 좋다. 반면, 친구들에게 인기가 있는 것은 맏이 이외의 아이라고 한다.

또 사회적으로 성공하고 출세하는 것은 맏이와 외동아이가 많다는 결과도 나왔다. 즉, 신사록(사회적 지위가 있는 사람의 신상에 관한 여러 가지를 적은 문서—옮긴이)이나 인명록에 실리거나 회사 중역이 되는 사람은 대부분이 맏이나 외동아이라고 한다. 우주비행사 23명 가운데 차남 이하는 불과 두 명이다. 미국 전국 규모의 학력 테스트에서 80만 명의 아이들을 조사해 보았더니 역시 좋은 성적을 거둔 아이들 중 맏이가 압도적으로 많았다. 또, 뉴욕 주립대학의 사회위생학부가 40만 명의 아동에 대해 실시한 지능 테스트에서는 형제수에 관계없이 맏이의 지능지수가 높고 뒤에 태어날수록 지능지수가 떨어진다는 결과를 얻었다. 그 연구소에서는 왜 맏이의 지능이 높고 고학력이 되는가에 대한 견해도 제시했는데, 맏이는 부모의 기대 하에 많은 시간을 같이 보내며 끊임없이 지적 자극을 받고 성장했기 때문이라고 설명한다. 일본에서도 사정은 같다.

지적 능력인 학력은 절대 선천적 · 유전적 자질에 의해 규정되지 않는다. 주로 후천적 · 환경적인 요인에 의해 발달 수준이 정해진다. 같은 부모에서 태어나도 맏이의 학력이 높다는 것은 절대 유전 탓이 아님을 보여준다. 둘째가 활발하고 생활력이 있고 다부진 것도 유전이 아니라 환경 때문이다. 이것은 둘째도 맏이 수준의 배려와 접촉을 해준다면 맏이와 비교해 전혀 떨어지지 않는 지적 능력을 갖춘다는 의미이다.

어릴 적부터 보이지 않는 학력을 풍부하게 살찌운다면 초등학교에 입학해서 일단 학습부진아라는 소리는 듣지 않는다. 폭넓고 철저한 선행체험을 쌓아가는 일은 보이지 않는 학력의 용량을 키우는 것이다.

그렇다면 시간에 쫓겨 여유도 없고 경제적으로도 넉넉지 않은 부모는 어떻게 자녀의 보이지 않는 학력을 풍요롭게 할 수 있을까? 돈과 시간을 크게 들이지 않고 아이를 현명하게 키우는 방법은 없는 것일까? 해답이 될 수 있는 방법을 함께 생각해보자.

보이지 않는 학력과
언어력

🎓 부모와의 대화가 열쇠

　　성적이 좋은 아이는 대부분 아이의 성장 발달과 학교에서의 성공, 즉 과제 달성을 자신의 일 이상으로 기뻐해주는 부모 밑에서 성장한다. 어쩌다 결과가 나쁘고 실수를 해도 부모는 화내는 일 없이 달래주고 위로하는 마음을 담아 격려한다. 그리고 항상 아이의 기분을 이해하고 공감해준다.

　　그런 가정은 편안한 분위기로, 아이가 심신의 안정을 취할 수 있는 가장 좋은 장소가 된다. 아이의 지적 호기심은 확실히 보장되고 장려된다. 간혹 말도 안 되는 아이의 질문에도 부모는 최대한 성실히 대답해준다. "왜 그래?", "어째서?", "지금 가르쳐 줘" 하고 끝없이 이어지는 물음에 대해서도 매번 상냥하게 대답해준다. 부모 기분이 좋지 않거나 컨디션이 나쁠 때도, 시간에 쫓길 때도 절대 매몰차게 대하지 않는다. 더구나 부모의 불만이나 화를 아이에게 퍼붓거나 큰소리치며 짜증 내는 것으로 푸는 일은 거의 없다.

일반적으로 학력이 높은 아이는 부모의 폭력이나 체벌이 주는 공포가 없는 환경에서 자란다. 아이가 개구쟁이 짓을 하거나 소란을 피우는 상황에서도 남에게 피해를 주지 않는 한 너그럽게 봐준다. 이런 가정의 아이들은 그것만으로도 종합적인 지적 능력 발달에 유리하다. 반면에 억압적이고 구속적인 부모 밑이나 부자유스러운 가정의 아이는 사고력과 창조성이 어쩔 수 없이 뒤처진다. 자유롭고 따뜻한 가정이야말로 아이의 지적 능력을 꽃피우는 가장 중요한 토양이 된다.

자유로운 분위기의 가정과 억압적인 가정의 가장 큰 차이는 부모와 자녀 사이에 나누는 대화의 양과 질이다. 억압적인 가정에서는 대체로 부모가 일방적으로 아이에게 말한다. 자유로운 분위기의 가정에서는 부모와 자녀 사이에 지적인 내용도 포함된 대화가 자주 오간다. 양은 물론이고 질적으로도 풍부하다. 어릴 적부터 이런 언어 자극에 노출되다 보니 언어 능력이 발달하는 것은 당연한 일이다. 언어 능력은 지적 능력의 핵심이며 학력의 토대가 된다. 공부 잘하는 아이, 번득이는 재치가 있는 아이는 예외 없이 높고 풍부한 언어 능력을 갖고 있다.

🎓 아이에게 상처 주는 말

아이들에게 부모님의 말씀 중 어떤 얘기가 많은지 기록해보라고 한 적이 있다. 단, 테이프리코더처럼 정확히 듣도록 지시했다. 사흘간 계속했는데, 아침에 눈을 떠서 저녁 잠자리에 들 때까지 부모들은 아이에게 많은 말을 한다는 것을 알 수 있었다.

"빨리 일어나!", "그게 무슨 말이냐!", "우물쭈물하지 마라!", "세수했니?", "머리는 빗었니?", "얼른 옷 입어라!", "빨리 밥 먹어라!", "또 쏟았냐?", "팔꿈치 괴지 마라!", "남기지 마라!" 하는 식으로 하루 종일 잔소리가 이어진다.

그 중 어머니가 가장 많이 하는 말은 '빨리'(빨리 해)이다. 아침에 일어날 때, 옷 입을 때, 밥 먹을 때, 등교 준비를 할 때, 화장실에 들어갔을 때 어머니는 아이의 얼굴을 보는 순간 "빨리

해"라고 재촉한다.

두 번째로 많이 하는 말은 '공부'(공부해)이다. 한 아이는 "엄마는 내 얼굴만 보면 항상 공부하라고 해요. 그래서 짜증이 나요!"라고 말했다. 항상 반복해서 듣기 때문에 오히려 기분 좋게 책상 앞에 앉게 되지 않는다고 한다. 부모로서는 아이가 공부하는 것이 당연하고 공부하지 않는 것이 잘못된 일이기 때문에 잔소리를 안 할 수도 없을 것이다. 그래서 간혹 아이가 자발적으로 공부해도 칭찬해주는 일이 거의 없다. 이렇게 아이들은 항상 공부하라는 독촉만 받기 때문에 더욱 밖에서 놀고 싶어지는 것이다. 이런 식으로는 책상 앞에 앉아서 침착하게 공부에 전념하는 습관은커녕 오히려 역효과만 일어난다.

세 번째로 자주 듣는 말은 "너, 바보야?", "너, 안 되겠다!" 하는 식의 부정적인 평가다. 시험 점수가 좋지 않을 때나 과제를 제대로 해결하지 못했을 때 부모들은 무의식적으로 아이를 질책한다. 특별히 어떤 의도를 갖고 얘기하는 것은 아니겠지만 아이로서는 이런 말을 견디기가 힘들다. 특히 공부 못하는 아이에게 그보다 마음을 아프게 하는 말은 없다.

공부를 잘하는 아이라면 조금은 욕을 먹어도 '가끔은 그럴 때도 있지' 하고 넘어가며 자존감이 무너지는 일은 없다. 그러나 공부 못하는 아이에게 "바보야?", "너, 안 되겠다!", "이 멍청이!", "정말 한심해!"라는 말은 급소를 찌르는 잔혹한 말이 된다. 절대 해서는 안 될 말인데도 무신경하게 그런 말을 내뱉는 어머니가 의외로 많았다.

교토 시(京都市)의 후지하라 요시타카(藤原義隆) 선생님도 나와 같은 조사를 했는데, 역시 1위는 "빨리 공부해!"였고, 2위는 "빨리 자!" 3위는 "잊어버린 건?" 순이었다. 이 말들에는 모두 주어가 없고 술어가 없는 경우도 적지 않다. 시종일관 이런 짧은 말로 대화하니 아이의 언어 능력이 어떻게 높아질 수 있겠는가. 이런 어머니를 '세 마디 엄마'라고 한다.

아버지 입에서 나오는 말도 어머니와 크게 다를 게 없다. 세 단어 엄마에 세 단어 아빠다. "떠들지 마!", "시끄러워!", "조용히 해!" 하는 식의 제지 명령이 가장 많다. 다음은 "공부했어?"이다. 이후 계속 텔레비전 앞만 지키다가 9시가 넘으면 하루를 마무리하는 인사말(?)을 던진다. "얼른 자!" 세 마디 아빠는 세 마디 엄마에 대해서도 과묵하다. "밥", "이불", "맥주" 그 다음은 "텔레비전"이다. 10시가 넘으면 "잔다!" 하고 방으로 들어간다. 다섯 마디 남편이다.

이런 언어 환경에서 자란 아이가 언어 능력의 성장에 어려움을 겪는 것은 당연한 일이다. 항상 점토를 잘게 떼어 내던지는 듯한 말이 난무하는 가정에서는 아이가 똑똑하게 성장하기를 바랄 수 없다.

많은 부모들이 경제적인 어려움과 바쁜 일상에 쫓겨 만성적인 피로를 겪는다. 늘 무언가에 쫓겨 느긋한 기분을 느낄 여유가 없다. 그렇다 보니 입에서는 "힘들다!", "시끄럽다!", "빨리 해!"라는 말들만 쏟아져 나온다. 24시간 내내 이런 말들만 오고가는 가정의 아이에게 사물을 곰곰이 생각하는 능력과 태도가 순조롭게 습득되기를 기대하기란 어려운 일이다.

🎓 조리에 맞는 언어 습관

논리적으로 사물을 생각하려면 먼저 '무엇이 어떻다' 하는 식으로 사실에 대해 인식할 수 있어야 한다. 주어와 술어를 필요로 한다. 조리에 맞게 사물을 생각하기 위해서는 '그러므로', '그래서', '따라서'와 같은 순접과 '그러나', '하지만', '~이지만', '그런데도'와 같은 역접의 어휘를 자유자재로 구사해야 한다. 그것은 논리를 세워 사고를 전개할 때 없어서는 안 되는 말이다. 순접·역접 접속사에 숙달되지 않는 한 글자를 읽을 수 있고 계산을 척척 할 수 있어도 문장제를 스스로 풀지 못한다.

또 사물이나 현상을 정확히 인식하거나 미묘하게 표현할 때는 반드시 조사와 조동사가 필요하다. 가정의 대화에서도 조사·조동사가 경시되지 않고 정확히 사용되면 사물이나 현상을 엄밀하게 생각하는 힘으로 바뀐다.

주어, 술어, 순접, 역접을 충분히 사용할 수 있는 능력이 없으면 조금 복잡한 문장제의 경우 전혀 손을 대지 못하거나 엉뚱한 식을 대입하게 된다. 사고를 전개할 때 열쇠가 되는 말을 구사할 수 있는지의 여부는 가정에서 오가는 말투로 거의 결정된다. 이 힘은 하루아침에 키워지는 것이 아니어서 몇 개월, 몇 년이 걸려야 습득된다.

아이의 사고력 신장은 풍부한 언어 환경이 바탕이 되어야 한다. 사고는 언어를 통해 진행되므로 입으로 소리 내지 않고 머릿속으로 생각할 때는 반드시 말을 조작한다. 이를 내언(內言)이라고 한다. 그러므로 주어, 술어를 명확히 의식하면서 순접, 역접을 충분히 활용해 논리를 전개한다.

부모의 일방적인 지시나 명령만 강요받는 아이는 스스로 생각할 필요가 거의 없기 때문에 논리적 사고력이 제대로 성장하지 못하는 것은 필연적이다. 일방적인 명령어, 금지어, 지시어는 의사 전달은 가능하지만 아이의 적극적인 반응을 기대하기 어렵다. 늘 이런 간단한 문장만 들으며 소년기를 보낸 아이는 복잡한 정보나 수준 높은 문제 해결을 어려워할 수밖에 없다.

🎓 풍부한 어휘

언어 능력은 대개 어휘를 얼마나 알고 있고 얼마나 자유롭게 구사하느냐에 따라서 달라진다. 초등학교 입학때 지적인 면에서 눈에 띄게 뒤떨어지는 아이는 천오백 개 정도의 어휘밖에 구사하지 못한다. 보통 아이들은 3천 개 정도를 습득하는데, 공부 잘하는 아이는 6천 개 이상의 어휘를 자유롭게 구사한다.

나는 아이가 습득한 어휘수를 조사하는 간편한 방법으로 성인용 국어사전을 이용한다. 산세이도에서 간행한 〈일본어 사전〉을 사용했다. 사전에 실린 어구는 6만2천 개. 서둘러 조사하고 싶을 때는 그 중에서 62개의 단어를 무작위로 추출한다. 10쪽, 20쪽, 30, 40…… 610, 620쪽의 첫 어구 62개를 써서 그것을 읽고 의미를 파악하는지를 확인한다.

1학년 아이는 일 대 일로 물어보면 주눅이 드는 경우가 있어서 정확한 판단이 어렵다. 그래서 거의 같은 수준의 언어 능력을 가진 아이를 세 명 모아서 물어본다. 세 명이면 거침없이 대답한다. 뒤떨어지는 아이는 다음의 표 가운데 '먼저'와 한 가지를 더 아는 정도다. 보통의 아이는 서너 개 대답한다. 책을 잘 읽는 아이는 6~7개의 의미를 알고 있다. 6학년의 경우 공부 잘하는 아이 중에는 읽기와 의미 각각 37개의 어구를 정확히 대답하는 아이도 있다. 어른 수준이다.

어느 해인가 5학년 아이를 대상으로 알고 있는 어구를 조사해보니 성적 상위인 아이는 20~27개, 중위는 10~19개, 하위는 4~10개였다. 사전에 들어 있는 어구 가운데 1,000분의 1의 수를 추출해 조사한 것이므로 실제 알고 있는 어휘는 대략 그것의 100배 정도일 것이다. 보이는 학력 즉, 성적과 아이가 알고 있는 어휘수는 정확히 정비례한다.

많은 어휘를 알고 있다는 것은 그만큼 일반화·추상화할 수 있는 능력의 소지가 높다고 할 수 있다. 부모가 일상적으로 사용하는 말의 질이 높으면 자연스럽게 아이의 언어 능력 발달이 촉진된다. 사용하는 어휘가 많을수록 좋고, 추상어·개

어휘수 조사에 사용한 단어들

욕지거리 아데노이드 나타내다 소생시키다 일의대수(一衣帶水)
이동(以東) 인슈트 안문간 운하 인게이지 차전초 늦었도
다 생각 거들 회복 획연(画然) 가신 커트 과목 안와 건
빵 아니꼬운 맵시 궁전 옥음(玉音) 금사(禽舍) 구비하다 끌
어당기다 경공입 혈담(血痰) 헌주(献奏) 합의 황토 어구 잔
돈 붐비다 서브 먼저 사철(砂鉄) 출산 자가(自家) 지순(至純)
실정(実情) 시마다이(島台, 경사 때 쓰는 장식물) 사무(社務) 종말 통
일 승자 쇼룸 꽁무니빼다 진진(津津)하다 베짱이 급하게 가
다 성악(性悪) 단정하다 갑갑하다 선단(船団) 조숙(早熟) 병졸
덩그렇다 다이오드 타임

출처: 〈일본어 사전〉

넘어도 적절히 섞으면 더욱 좋다.

순접·역접이 다양하게 조합된 복문 구조의 문장을 자주 들으며 자란 아이에게는 수학의 문장제 풀이도 어려운 일이 아니다. 계산 방법만 정확히 이해하면 어려움 없이 정답을 쓸 수 있다. 반대로 가정에서 오가는 말이 거의 단문 구조거나 혹은 주어·서술어가 없는 거친 말, 일방적인 명령어·금지어·지시어뿐인 경우라면 언어 능력은 크게 발달하지 못한다.

🎓 교사에게 필요한 노력

저학년 때 학습부진아라 할 정도는 아니었던 아이가 4, 5학년이 되면서 갑자기 수업을 따라오지 못하는 경우가 종종 있다. 여러 가지 요인이 복합해서 이탈하는 것인데, 추상적·개념적인 단어를 모름으로써 내용을 이해하지 못하는 게 한 가지 요인이 된다. 그래서 점차 공부에 대해 부정적인 생각을 갖게 되고 결국 공부를 멀리해 학습부진아가 된다.

4학년 정도가 되면 교과서에 추상어와 개념어가 많이 등장한다. 국어는 부작용·복합, 과학은 회로·병렬, 사회과는 관개(灌漑), ATC(열차 자동제어장치), 수학의 경우에는 수직·합동

같이 보통 때는 그다지 사용하지 않는 단어가 많이 나온다. 가정에서 그런 말을 사용하거나 들어본 경험이 있는 아이와 전혀 듣지 못한 아이는 새 교재를 이해할 때 상당한 차이가 난다.

정상적으로 발달한 아이는 초등학교 4학년, 즉 만 10세 전후부터 추상적 사고가 조금씩 가능해진다. 일일이 눈으로 보고 손으로 만지지 않아도 머릿속으로 단어를 구사해 사물을 이해할 수 있다. 개념 조작과 논리 전개가 가능하고 추상어와 개념어에 흥미를 보이며 스스로 그 단어를 쓰게 된다.

반면에 언어 능력이 낮은 채로 성장한 아이는 단어의 의미를 이해하지 못해 점점 학습 의욕을 잃는다. 그러므로 언어 능력을 높여주기 위해 교사가 매일 배려하지 않으면 안 된다. 부모와 가정에만 맡겨두면 각 가정의 문화 수준이나 언어의 질이 그대로 아이들의 학력 차이로 나타나기 때문이다. 교사가 의도적으로 많은 새로운 어휘와 문어체를 사용하도록 노력하고 대화나 설명할 때 추상어 · 개념어를 의식적으로 사용할 필요가 있다. 아이가 의견을 말하거나 답할 때는 주어, 술어, 순접 · 역접 접속사, 조사, 조동사를 바르게 사용하는지와 적당히 쓰거나 생략하지는 않는지 꼼꼼히 듣고 고쳐주는 것도 아이의 언어 능력을 키우는 데 효과적이다.

🎓 표준어에 친숙해지기

표준어는 도쿄 주변의 아이들을 제외하면 익숙한 말이 아니다. 오히려 어색한 느낌마저 있다. 사투리는 아이들에게 생활 체험이 담긴 고향의 언어로 제1 일본어다. 의사 전달을 할 때나 감정을 표현할 때도 직접적이며 정확한 최적의 말이다. 지방어·생활어는 그 지역 아이들의 공통어로, 놀이 친구를 연결해주는 표준어인 것이다. 소중한 말, 살아 있는 말이다. 그래서 추상어나 개념어가 거의 없다.

그러나 교과서와 시험은 사투리로 씌어 있지 않다. 대부분 사투리를 듣고 사용하며 성장한 아이에게는 문투가 상당히 서먹하다.

만일 사투리만 자유롭게 쓸 수 있는 아이라면 지금의 학교에서 학력을 키울 때 매우 불리할 수밖에 없다. 교과서를 비롯해 책에 인쇄되어 있는 문투를 자유롭게 읽을 수 있는 힘이 없으면 안 된다. 즉, 제2 일본어로서의 표준어를 습득해야 한다.

평소 표준어를 사용하는 가정의 아이는 그 점에서 상당히 유리하다. 전국적인 학력조사에서 하위를 차지하는 지역은 기본적으로 소득이 낮은 편인데, 그 지역 이외의 사람에게는 쉽게 통하지 않는 사투리가 일상생활의 대부분을 차지하는 것과

무관하지 않다.

사투리 중심의 언어생활을 하는 지역이나 그런 계층에 있는 아이의 언어 능력을 높이기 위해서는 교사의 힘이 주도적인 역할을 한다. 따라서 교사까지 사투리로 수업을 해서는 안 된다. 그렇지 않으면 아이들에게는 표준어 사용법을 습득하기 위한 살아 있는 모델과 장면이 전혀 없다.

사물을 엄밀히 생각하고 깊이 사고할 때는 상당히 어려운 추상 수준의 개념을 조작해 지적 생산을 해야 한다. 사투리에는 없는 말을 많이 사용한다. 교사가 아이들에게 표준어를 적절히 제시해주는 것은 아이의 언어 능력을 높이는 데 큰 비중을 차지한다. 아이와 가까워지기 위해서라는 생각에서 사투리를 많이 사용하는 것은 한편으로는 이렇게 부정적인 면도 있다.

🎓 성실하게 말 걸기

취학 전 아이의 언어 능력 발달은 주로 부모의 말투에 좌우된다. 그러므로 항상 주어 · 술어와 접속사를 정확히 써야 한다.

그렇다고 이번에는 '추상어로 말을 걸어보자', '복문 구조로 말하자' 하고 일일이 생각해야 한다면 제대로 말을 걸 수 없다. 단 한 가지, 아이에게는 정중하게 말하고 성실히 대화하면 된다. 성실하고, 정중하게 말하려면 저절로 주어·술어·접속사·조사·조동사를 생략하지 않게 된다.

단정 짓는 말이 아니라 여운이 있는 말도 자연스레 나온다. 강압적인 어투가 아니라 상의하고 도와주고 의향을 물어보는 어투가 된다. 이것은 아이의 적극성을 이끌어내어 사고 활동을 촉진하는 기능도 한다. 게다가 성실하고 정중한 말은 단문이 아닌 복문적인 말투가 되므로 아이의 언어 능력 향상에도 도움이 된다.

독서는
즐거운 자기교육운동

독서 습관과 학력의 관계

거듭 말하지만 학력의 토대는 언어 능력이다. 언어 능력이 풍부한 아이는 일반적으로 성적도 뛰어나다. 취학 연령 전에 형성되는 언어 능력은 주로 부모가 사용하는 언어의 질에 의해서 결정된다. 당연히 지적인 전문직에 종사하는 아버지나 문화적 교양이 높은 어머니 밑에서 성장한 아이가 언어 능력에서는 상대적으로 유리할 것이고, 그것은 학업 성적에도 그대로 반영된다.

그럼 반대의 경우는 어떨까. 부모가 교양이 없다면? 맞벌이라 바빠서 아이와 여유 있게 마주할 시간이 없는 가정이라면? 그런 가정의 아이는 언어 능력이 낮은 경향이 있다. 성적도 그다지 좋다고 할 수 없다. 하지만 부모가 무지하고 교양이 없는데 아이가 똑똑한 가정도 있다. 혹은 극히 평범한 가정인데도 아이의 성적이 특출하게 뛰어난 예도 드물지 않다.

초등학교 때 공부 잘하는 아이는 거의 100% 책 읽기를 좋아한다. 학교에서 배운 내용을 철저히 복습하는 것도 아닌데 수준 이상의 성적을 거두는 아이는 예외 없이 책을 즐겨 읽는다는 특성이 있다. 독서를 즐기는 아이가 학교에서 배운 것을 매일 착실히 복습하면 거의 상위 성적을 받는다. 도식화해서 말하면, 책 읽기를 좋아하는 아이는 받아쓰기와 계산만 연습해 두면 틀림없이 상위 성적을 받을 수 있다.

공부를 열심히 하지 않는 아이라도 책 읽기를 좋아하면 국어·수학·사회·과학은 중상, 또는 5단계 평가의 경우 4단계를 받는다(통지표에 기입되는 점수는 1~5로, 숫자가 클수록 좋은 성적이다—옮긴이). 반대로, 책 읽기에 열의가 없는 아이는 문제집을 풀리고 줄곧 학원에 보내도 쉽게 학력이 키워지지 않는다. 보이는 학력의 토대인 보이지 않는 학력이 빈약하면 성적도 금세 한계에 이르게 된다.

🎓 학원은 공부습관의 마중물일 뿐

4학년이 되면 교과서 내용이 갑자기 어려워진다. 수학이 특히 그렇다. 일상생활에서는 사용하지 않는 큰 수의 개념과 소수 계산도 나온다. 모든 교과에 추상적인 수준의 사고를 필요로 하는 교재가 늘어난다. 그로 인해 가정 학습 습관이 되어 있지 않는 아이와 독서 습관이 부족한 아이는 수업을 따라오지 못한다.

학원에 다니는 아이가 부쩍 늘어나는 것도 4학년부터다. 도시에서는 50% 가까운 아이들이 학원에 다니는데 일주일에 두 번, 학원비는 10만 원을 웃돈다.

그러나 학원에 다닌다고 해서 부모가 기대하는 만큼 성적은 쉽게 좋아지지는 않는다. 학원 경영자조차도 "일주일에 두 번 정도 다녀서 1년에 성적을 한 등급 올리는 실력 있는 학원이 있다면 우리 아이를 먼저 보내고 싶다"라고 말할 정도다. 그러나 학원은 아이를 지금보다 성적이 더 떨어지지 않게 하는 효용은 있다. 학원에 가면 성적이 더 뚝뚝 떨어지는 일은 막을 수 있다. 일단 제동이 걸리기 때문이다.

그러나 일주일에 두 번 정도 다녀서는 성적이 향상되기를 기대하기 어렵다. 실제로 학원에 다니면서 성적이 좋아지는 아이는 5% 정도에 불과하다. 5%의 아이는 학원에 다니는 것을 계기로 가지 않는 날에도 집에서 일정 시간 스스로 공부하기 때문이다. 이런 경우, 학원이 공부 습관의 마중물이 된 것일 뿐, 그저 학원에 맡기기만 한다고 해서 아이의 성적이 향상되는 일은 절대 일어나지 않는다.

부모들은 아이를 학원에 보내야 하는지 자주 상담해 온다. 전화로 상의하기도 한다. 그런 경우 아이 스스로 학원에 가고 싶어 하는지, 학원에 모든 것을 맡기는 것이 아니라 어떻게 학원을 활용해 가정 학습 습관을 들일지를 먼저 생각하라고 조언한다. 그리고 그와 같은 비중으로 독서 습관을 들이는 데 더욱 배려할 것을 요청한다.

🎓 독서가 가져다주는 풍요로운 세계

아이의 언어 능력 발달은 유아기 때의 비약적인 발전과 비교해 초등학교 입학 전후부터는 외견상 그다지 눈에 띄는 변화가 없다. 하루하루 성장한다고는 거의 실감하지 못한다. 그렇지만 언어 능력은 하루도 쉬지 않고 발달한다. 아이의 대뇌에서 내언(內言) 조작이라는 보이지 않는 형태로 착실히 발달하는 것이다. 그 발달에는 교사가 일정한 효과를 미친다.

통상적인 교육과정을 시행하는 학교에서 아이에 대한 지적 자극은 교과서에서 크게 이탈하지 않는다는 불문율의 제약이 있다. 시간적 여유도 없다. 그렇게 되다 보니 더 넓은 세계, 미지의 대상에 대한 관심은 독서를 통해서만 채울 수 있다. 책에는 부모나 선생님으로부터 깊이 듣지 못했던 내용과 일상에서 배우지 못한 지식이 많이 실려 있다. 때로는 부모의 생각과는 발상이나 윤리가 전혀 다른 견해도 씌어 있다. 선생님이 말하지 않은 다양한 역사와 세계에 대해서도 알고 자연의 비밀과 훌륭한 인물의 생애도 알 수 있다. 그래서 책을 읽으면 보다 지적인 탐구에 의욕이 생긴다. 읽을수록 다양한 문장을 접함으로써 새로운 단어를 점점 더 많이 접하고, 기억하게 된다. 언어 능력은 독서를 통해 눈부시게 성장한다.

또한 책은 눈앞의 현실이나 평소 신경 쓰지 않았던 현상을 걸음을 멈추고 바라보는 계기를 만들어주어 사물이나 현상의 내면에 있는 본질을 꿰뚫어보는 능력을 키운다.

또 책 읽기를 좋아하는 아이는 머릿속에 이미지를 그리는 능력이 발달한다. 아이들은 매일 학교에서 배우는 계통적인 교과 학습에 의해 공부하는 힘을 키우는데, 이미지 구성능력이 부족하면 학력이 향상되지 않는다. 문자가 의미를 갖도록 유기적으로 배열한 것이 문장인데, 그 문장이 표현하는 내용을 구체적인 장면과 정경으로 상상해 재구성할 수 있는 능력, 즉 상상력이 빈약하면 사고력이 갖춰지기 어렵다. 문자 언어, 즉 문장을 마치 눈앞의 일처럼 이미지화할 수 있는지가 학력의 획득과 정착도를 좌우한다.

책 읽기를 싫어하는 아이는 이런 이미지화에 매우 서툴다. 그래서 책을 읽어도 조금도 재미있지 않고 이해도 되지 않는다. 어릴 때, 생생하게 정경을 떠올릴 수 있도록 부모가 정감 넘치는 이야기를 들려주거나 책을 읽어준 경험이 거의 없는 아이는 책 읽기에 별다른 흥미를 갖지 못한다. 그보다는 눈에 보이는 텔레비전이나 만화에 쉽게 빠져드는데, 그것은 이미지를 떠올리는 수고를 따로 들이지 않고 쉽게 볼 수 있기 때문이다.

책 읽기를 싫어하는 아이는 그래서 상상력도 빈약하다. 상상력은 창조력의 어머니다. 책장을 넘기고 글자를 더듬어가면서 내용과 정황을 머릿속으로 그려가는 것이 풍부한 상상력을 키우는 중요한 요인이 된다. 나오는 대로 말하는 즉흥적인 생각이 아니라 진짜 창조력은 풍부한 상상력이라는 어머니와 탄탄한 학력이라는 아버지 사이에 생겨나는 것이다.

아이 학력의 토대는 언어 능력이다. 언어 능력을 키우는 가장 효과적인 방법은 아이에게 독서 습관을 갖게 하는 것이다. 학원에 보낼 시간과 돈이 있으면 차라리 그 힘을 독서에 쏟아야 한다. 독서야말로 그것이 아이의 학력 향상에 훨씬 효과적인 도구이다.

🎓 아이들의 독서 상황과 진로

다음에 나오는 표는 마이니치신문사가 전 일본 초·중·고생의 독서량에 대해 실시한 실태조사의 집계 결과다. 만화는 제외했다. 조금 오래 전 내용도 있지만 지금도 경향은 같다. 대상인원은 약 1만2천 명, 조사 시기는 1985년 5월과 1994년 5월이다.

독서 습관이 있는 아이, 책 읽기를 좋아하는 아이는 어느 정도 비율을 차지할까? 또 책 읽기를 싫어하는 아이는 어느 정도일까? 이 표를 기준으로 생각해보려고 한다.

책을 싫어하는 아이는 거의 책을 읽지 않는다. 그럴 시간이 있으면 나가 놀거나 텔레비전을 본다. 고등학생이 되면 부 활동이나 입시 공부에 쫓겨 읽고 싶은 책을 읽을 여유가 없다고 하는데, 조사 시기는 5월이다. 고등학교에 입학했거나 새 학년이 되어 선생님이나 친구들과 익숙해지고 입시까지는 아직 시간이 있는, 1년 중 가장 여유 있는 달이다. 독서 습관이 붙은 학생이라면 한 달 동안 전혀 읽지 않을 리 없다.

책 읽는 습관이 없는 아이, 책을 싫어하는 아이는 초등학생의 경우 월 3권까지, 중고생은 월 2권 정도밖에 읽지 않는다. 책을 좋아하는 아이, 독서 습관이 있고 독서력도 탄탄한 아이는 초등학생의 경우 사흘에 한 권씩 읽는다. 중학생은 일주일에 한 권, 고등학생도 그 정도는 읽는다. 각각의 비율을 보자.

표를 분석해보면 책 읽기를 좋아하는지 여부를 가르는 방법이 약간 편의적일지도 모르지만 자주 책을 읽는 아이는 초등학생 때부터 독서 습관이 잡힌 것 같다. 거의 20%의 아이가 어릴 때부터 독서의 생활화가 되어 있다. 이런 아이에게 책 읽기는 고통이 아닌 커다란 즐거움이다. 각 학급에 7, 8명 정도가 있는데, 이들은 예외 없이 성적도 뛰어나다.

대학은 추상적인 사고와 복잡한 개념을 조작해 다양한 주제를 연구하는 곳이다. 당연히 언어 능력이 수준 이상에 이르지 못한 사람은 입시에서 도태된다. 10년 넘게 매일같이 책을

어린이 · 청소년 독서 상황

초등학생		중학생		고등학생	
1985년	1994년	1985년	1994년	1985년	1994년
독서 습관이 부족한 아이					
일주일에 1권까지		한 달에 2권까지		한 달에 3권까지	
46.5%	55.2%	73.5%	78.4%	85.2%	90.1%
독서를 좋아하는 아이					
3일에 1권 이상(월 10권)		일주일에 1권 이상(월 4권)		10일에 1권 이상(월 3권)	
25.1%	20.5%	18.4%	17.9%	22.0%	13.5%

월간 독서량
1985년 5월 11,629명 대상 / 1994년 5월 12,491명 대상

	초등학생(권수)		중학생(권수)		고등학생(권수)	
	1985년	1994년	1985년	1994년	1985년	1994년
남	6.8	5.7	1.8	1.3	1.2	1.0
녀	8.0	7.3	2.3	2.2	2.0	1.5
평균	7.4	6.4	2.1	1.7	1.6	1.3
독서량 비율(%)						
0권	8.9	12.1	42.8	51.4	49.5	60.8
1	9.5	10.6	18.4	16.3	16.4	15.8
2	10.4	12.5	12.3	10.7	11.5	9.2
3	10.1	11.6	8.0	7.0	7.8	4.3
4	7.6	8.4	4.6	3.5	4.0	2.3
5	9.6	9.4	4.2	3.3	3.5	2.4
6	6.5	6.5	2.4	2.0	2.0	0.8
7	5.2	3.2	1.5	0.9	1.0	0.6
8	4.7	3.4	1.3	0.6	0.9	0.4
9	2.1	1.8	0.3	0.5	0.3	0.1
10~15	13.9	11.4	2.2	2.3	1.8	1.7
16 이상	11.2	9.1	1.4	1.0	0.7	0.9
불명	0.5	—	0.8	—	0.5	0.4

〈마이니치 독서여론조사〉 1985년, 1994년 판을 바탕으로 작성.

가까이 한 아이는 그렇지 않은 아이에 비해 언어 능력이 월등히 뛰어나다. 그런데다 입시 공부를 성실하게 끝까지 해낸 사람이 명문 대학에 들어간다. 물론 대학에 들어가는 것만이 인생의 목표는 아니지만 지적 노동을 평생 직업으로 하려는 사람이나 전문직으로서의 능력과 자격을 얻으려는 사람은 독학보다는 대학에서 배우는 것이 더 효율적이다. 뛰어난 연구자나 교수를 직접 접할 수도 있고 자신의 지적 수준에 맞는 평생 친구를 만날 기회도 훨씬 많아진다. 유명한 대학은 그만큼 철저히 공부시키므로 상당히 높은 수준의 학력이 요구된다.

책을 변변히 읽지 않은 아이에게는 아마 입학 허가도 나지 않을 것이다. 왜냐하면 학력과 독서력은 밀접한 관계가 있기 때문이다. 책 읽기를 싫어하는 아이 가운데 높은 학력을 가진 아이는 없다. 초등학생 때 책 읽기를 좋아했던 아이는 중학교, 고등학교에 올라가서도 책을 읽는다. 보이지 않는 학력, 공부력이 독서에 의해 풍성해지고 불어난다.

이처럼 보이는 학력의 토대인 보이지 않는 학력을 발전시키는 결정적인 열쇠는 책 읽기를 좋아하도록 만드는 데 달렸다. 현재 상황으로는 70% 내외의 아이에게 책 읽는 습관이 없다. 그래서 언어 능력은 늘 빈약하고 불안하다.

독서는 스스로 늘 지적능력을 높이고 스스로를 계발해 자신의 잠재력을 갈고 닦는 가장 탁월한 자기교육운동이다. 일단 그 즐거움과 기쁨을 아는 사람은 평생 동안 책을 읽으며 항상 자기 교육, 자기 변혁을 꾀한다.

현재 저학력 상태의 아이라도 몰두해서 읽을 수 있는 책을 만난다면 스스로 맹렬히 책을 읽는 극적인 변화가 올 것이다. 책 읽는 즐거움과 고마움을 맛본 아이는 독서가 습관이 되어 평생 자기교육운동을 해나간다.

놀이는
성장의 식량

🎓 잘 노는 게 먼저

　　언어적 문화는 아이의 논리적·추상적·개념적 사고력을 키우지만, 그것만이 보이는 학력의 전부는 아니다. 또 하나, 보이지 않는 학력은 놀이와 가정 교육에 의해 키워진다. 바로 비(非) 언어적 문화로 행동적·실천적 문화라고 할 수 있다. 비언어적 문화는 직관적·구체적·실제적인 사고력을 현저히 강화한다. 그리고 보이는 학력의 착실한 발달을 보장하면서 인간으로서 올바른 생활 방식과 인생을 개척하는 힘으로 이어진다.

옛날부터 어른은 아이에게 "잘 놀고 잘 배워라"라고 말했다. 공부에 앞서 노는 것을 먼저 권한 것이다. 교실에서 아이들을 보아도 확실히 잘 노는 아이는 활기가 있다. 놀이의 명수는 친구들에게 인기가 있다. 잘 놀지 않는 아이, 놀지 못하는 아이는 왠지 허약하다.

놀이는 아이의 심신 발달을 눈에 띄게 향상시킨다. 그 중에서도 집 밖에서 세 명 이상 집단을 이뤄 흙과 물과 바람을 느끼며 뛰어노는 놀이가 가장 바람직하다.

두 명이 놀 때는 마음 맞는 아이끼리 싸움도 거의 하지 않고 사이좋게 노는 경우가 많다. 혹은 어느 한쪽이 언니나 형처럼 행동하고 나머지 아이는 부하나 하인 노릇을 한다. 어느 쪽이든 아이의 인격과 지적 능력의 발달은 단편적이 되기 쉽다.

세 명 이상 집단을 이루어 놀면 반드시 의견 대립이 생긴다. 그리고 한 아이가 꼭 울음을 터뜨린다. 다음 날은 다른 아이가 다른 일로 따돌림을 당한다. 며칠 후에는 그 중 대장 노릇을 했던 아이가 모두에게 원성을 사서 외톨이가 된다. 세 명 이상의 놀이는 그 집단에 여러 갈등이 발생하고 항상 대립과 항쟁이 일어나는데 바로 그것이 좋은 점이다.

🎓 집단 본능과 마음의 안정

다양한 지식과 인간다운 정서는 대뇌의 신피질에서 관장한다. 학교 공부와 가정 학습을 통해 학력은 매해 높아지는데 이것은 대뇌 신피질이 기능한 결과다.

피곤하면 어른은 8시간, 어린이는 10시간 정도의 수면을 취하면 회복된다. 그런데 본능 중추인 대뇌의 구피질은 수면에 의해 피로가 회복되지 않는다. 수면으로 지적 중추의 활동이 정지되어도 구피질은 꿈을 꾸는 형태로 활동을 계속하기 때문이다. 대뇌 구피질의 피로, 특히 집단 본능에 관계하는 부분은 안심하고 대화하거나 놀이를 하는 과정에서 없어진다.

아이의 경우에는 집 밖에서 친구와 장난치고 놀면서 피로가 풀리고 또 피로에 강해진다. 어른도 집단 본능이 채워지지 않을 때는 무기력해지거나 신경증에 걸린다. 퇴근 후 동료와 술잔을 나누며 흥분해 떠드는 사람은 인간관계에서 오는 스트레스를 해소하고 있는 것이다. 안심할 수 있는 동료와의 대화야말로 대뇌 구피질의 피로를 푸는 특효약이다.

회사와 집을 왕복하는 성실한 남편이 갑자기 증발하거나 신경증에 걸리거나 때로 자살하는 사건이 가끔 대중매체를 통해 보도되곤 한다. 그들은 모두 대뇌 구피질의 피로가 축적된 상태인데도 그것을 풀 수 있는 집단이나 동료가 없어 결국 터져버린 것이다. 주부들이 '길거리 육성회' 또는 '슈퍼 잡담'이라는 조롱을 받으면서까지 길거리나 마트에서 만난 지인과 끝없는 수다에 열중하는 것은 자연스럽게 익힌 신경증 방지법이다. 아이든 어른이든 집단 속에서만 살 수 있다. 그렇지 않으면 대뇌 구피질은 그 상황을 납득하지 못한다.

"나는 고독을 좋아한다"는 사람도 완전히 외톨이가 되면 견딜 수 없을 것이다. 전화도 편지도 없고 이웃과의 왕래도 없고 외출도 하지 않는 생활에 견딜 수 있는 사람은 없다. 감옥의 죄수도 형을 집행하는 관리의 목소리와 모습을 보고 듣는다. 이처럼 인간은 인간과 완전히 단절된 생활을 할 수 없다. 본능적으로 집단을 필요로 한다.

20년 전쯤 미국의 우주비행사를 대상으로 외부와 완전히 격리된 환경에서 얼마나 고독에 견딜 수 있는지를 실험한 적이 있었다. 그 결과, 사흘이 한계였다고 한다. 아무도 말을 걸지 않는 고독한 상황에서는 특별한 훈련을 쌓은 사람도 발광 직전까지 간다고 한다. 사람은, 사람들 사이에서 자라고 살아가는 존재이기 때문이다.

🎓 풍요로운 인격을 만드는 놀이활동의 중요성

아이가 살아가는 힘을 키우는 데 있어 놀이의 역할은 절대적이다. 놀이는 체력을 키우고 운동 기능을 향상시킨다. 집 밖에서 뛰어다니는 놀이는 전신의 운동 능력을 높여 살아가기 위한 기초 체력을 강화한다.

친구들과 뛰어놀 기회가 없는 아이는 겉보기에는 덩치가 커도 인내력이 없다. 덩치만 클 뿐 약하다. 체력의 유무는 장래 일에서의 성공 여부를 결정할 만큼 중요하다.

또, 놀이는 잡초 같은 강인한 생명력을 키워 활동력 넘치는 아이로 만든다. 놀이는 대뇌 구피질에 있는 집단 본능을 만족시키고 강화하며 단련한다. 1인 놀이나 2인 놀이 같은 조촐한 놀이에서는 얻을 수 없는 대립과 갈등의 체험은 아이를 강인하게 만든다. 또 흙과 물과 바람, 풀, 나무를 직접 느낄 수 있는 놀이는 야생적인 강인함을 키우는 데 매우 효과적이다. 깨끗이 빨아놓은 옷을 입히면 금방 엉망으로 만들어 돌아오는 아이는 살아가는 데 없어서는 안 될 강인함, 억척스러움을 갖추기 위한 수업을 하는 것이라고 할 수 있다.

놀이는 아이를 풍요로운 인격으로 키워준다. 놀이라면 빠지지 않는 아이, 리더가 되는 아이는 말투나 행동이 거친 듯해도 사실은 매우 착하고 친절하다. 그 전형적인 예가 골목대장이다. 골목대장은 아이들 집단의 조직자이자 놀이의 지도자로 놀이에 대해 아는 게 많다. 그는 집단 구성원 하나 하나의 능력에 맞는 역할을 준다. 책임감도 강해서 누가 다치기라도 하면 다른 아이는 "나는 몰라" 하고 책임을 회피하지만 골목대장은 끝까지 돌본다. 다친 아이를 업어서 집에 데려다주고 "아줌마, 얘가 다쳤어요" 하고 부모에게 알려준다. 우는 아이가 있으면 이유를 물어 적절한 조치를 취해준다. 어른도 때로는 놀랄 만큼 골목대장은 친절하고 사람을 잘 돌봐준다. 무섭기만 하거나 강하기만 해서는 절대 골목대장이 될 수 없다. 골목대장이 있는 집단 속에서 놀며 자란 아이는 여러 종류의 인간과 살아가기 위한 도덕과 지혜를 배운다.

아이들 집단 속에서 체력과 지력이 향상해 골목대장과 맞설 정도가 되면 일시적으로 심한 대우를 받게 된다. '모난 돌이 정 맞는다'는 속담 그대로다. 눈물 흘리는 일이 생기고 따돌림 당하기도 한다. 그것은 아이들 사회에서 번듯한 인간이 되었기 때문에 받는 시련이다. 부모는 이때 자신의 아이를 축복하고 격려해주어야 한다. 골목대장을 미워하거나 원망하는 것은 완전히 헛다리 짚는 행위라고 할 수 있다.

골목대장은 놀이의 달인이다. 아이들 각각의 심리를 민감하게 느낄 수 있는 이 아이의 능력은 부모 이상이다. 골목대장은 아이들 집단의 탁월한 조직자로, 생활의 지혜나 솜씨가 좋고 감도 좋은, 말하자면 아이들 사회의 정치가라 할 수 있다. 부모 못지않은 교육력 또한 갖추고 있다.

아이는 골목대장이 통솔하는 집단놀이를 통해 사람들과 기쁨·슬픔을 서로 나누는 공감 능력, 다양한 유형의 사람들과 단시간에 융화할 수 있는 능력, 상황에 따라서는 함께 손 잡고 나아가는 연대감도 키울 수 있다. 골목대장은 아이들이 장래 살아가는 데 있어 꼭 익혀야 할 심성과 자질, 기능을 갖춘 살아 있는 모델이다.

어릴 적부터 진흙투성이가 되어 뛰어놀고 때로는 친구들로부터 따돌림을 당해 울면서도 집단 속에서 힘차게 뛰어놀며 자란 아이는 어른이 되어서도 다양한 계층과 직업을 가진 사람들과 차별 없이 쉽게 어울릴 수 있는 힘을 갖춘다. 또, 사람의 마음을 헤아려 그 자리에 어울리는 표현 형식으로 모두가 공감하는 화술을 구사하는 능력도 익히게 된다.

반면에 친구들과 뛰어놀지 못한 채 성장하면 사회적 능력이 발달하지 못해서 조직적 능력이 미숙한, 연약하고 사람들과 쉽게 어울리지 못하는 인간이 된다. 집단 내에서의 놀이는 인간으로서의 생활 방식과 존재 방식을 실천과 행동을 통해 터득하게 하는 훌륭한 매개체가 된다. 골목대장은 이러한 것들을 몸소 알려주는 사범이자 완성도 높은 표본이다.

🎓 어른의 세계를 모방하는 도구, 놀이

놀이에는 도구 사용과 제작이 필요하다. 부수고, 연결하고, 끌어당기고, 잡아 끊고, 짜맞추고, 던지고, 고정시키고, 치고, 반죽하고, 깎고, 구부리고, 자르고…… 하는 식으로 손으로 하는 온갖 노동을 하게 된다. 그래서 손놀림이 능숙해진다. 손끝을 정교하게 놀리는 훈련이 된다.

손재주가 생기면 마음도 유연해진다. 손끝이 야무진 사람은 대인 관계에서도 다르다. 작은 것에도 배려하며 마음을 쓰는 등 엉성하고 거친 것과는 거리가 멀다.

또 놀이를 통해 아이들은 어른의 세계를 모방한다. 허구의 세계도 설정한다. 도둑놀이, 강도놀이, 칼싸움 등 가공의 사회에서 상대를 치고, 싸우고, 찌르는 놀이를 한다. 어른이 되는 과정에서 아이들은 수백만 년이라는 인류 진화의 역사를 빠르게 모방하는 걸까?

'먹느냐 먹히느냐' 하는 처참한 투쟁을 연기한 인류사의 정수를 재현한 듯한 놀이가 초등학교 중학년에서 괴롭힘과 따돌림을 포함해 연기된다. 이것을 '갱 에이지(gang age)'라고 한다. 그런데 이런 놀이를 만끽한 아이는 청년이 되어서 절대 약자를 괴롭히거나 진짜 범죄를 저지르는 일이 없다. 상상의 세계에서 펼쳐지는 놀이에 충족감을 느낀 아이는 건강한 어른이 된다.

놀이의 세계는 가공의 세계이지만 거기서 실제 장면과 상황을 상상해서 일정한 조건을 설정해 몰두한다. 주인공이 되어 노는 것이다. 그 상상력은 창조력의 원천이기도 하다. 놀이를 많이 경험한 아이는 풍부한 발상과 뛰어난 창조의 힘의 원천을 자연스레 축적한다.

재미있게 놀기 위해서는 나이가 더 어린 아이나 몸이 약한 아이에게 일부러 져주는 것도 잊어서는 안 된다. 그렇지 않으면 이런 아이들은 놀이에서 이탈해버린다. 주위 정황이나 구성인원에 따라 놀이의 형태와 규칙도 변경해야 한다. 당연히 실제적이고 구체적으로 사고하는 기능과 사물을 현실적으로 바라보는 힘도 생긴다. 폭넓게 다방면으로, 유기적으로 생각하는 힘, 사태의 추이에 유연하게 대응하는 능력, 사물이나 상황을 구조적으로 인식하는 힘도 함께 자란다.

게다가 즐거운 놀이는 반드시 일정 시간 고통을 견디고 온 힘을 다한 경우에만 체험할 수 있다. 눈싸움이 재미있는 것은 차가운 눈을 모아서 손으로 다지는, 아픔이 느껴질 정도로 손이 시린 순간들을 견뎌냈기 때문이다. 등산이 재미있는 것은 숨이 차고 땀이 나고 넘어저 무릎이 까시면서도 급경사를 오르고 정상에 도달해 상쾌함을 맛보기 때문이다. 그것은 케이블카로 정상에 오른 것과는 비교할 수 없는 상쾌함이다.

피구에서는 개인 플레이가 일절 용납되지 않는 엄격한 규칙이 있다. 그것을 지켜야만 승패를 다투는 숨 막히는 시합의 재미를 느낄 수 있다. 규칙을 엄격히 지키지 않고 적당한 태도로 플레이하면 전혀 재미가 없다.

재미있는 놀이, 신나는 놀이는 집단 안에서 만들어진 엄격한 규칙 하에 어려움을 견디고 전력을 다해 부딪쳐야만 경험할 수 있다. 따라서 놀이를 많이 경험하는 아이는 어려움에 굴하지 않는 강한 의지, 도중에 포기하지 않고 끝까지 해내는 지구력, 적절한 시기에 전력을 기울이는 집중력이 저절로 몸에 밴다.

🎓 하루 2시간 놀이는 필수

　　기본적으로는 집 밖에서의 놀이가 아이의 심신 발달에 큰 도움을 주지만 실내 놀이도 효과가 있다. 퍼즐 조각 맞추기는 알맞은 퍼즐의 모양을 순식간에 분별하는 힘을 키운다. 그것은 도형이나 한자 습득 능력의 기초가 될 것이다. 나무 블록 쌓기는 입체 감각을 키운다. 글자 카드놀이는 저절로 글자를 익히게 한다. 이러한 것들은 도형과 글자 학습에 없어서는 안 되는 유형 정보 식별 능력을 키우는 데 효과적이다. 점토놀이나 종이접기, 종이오리기, 붙이기 놀이 등 뭔가를 만드는 놀이를 자주 하는 아이는 손재주는 물론이고 목표 달성을 위한 순서를 생각하는 예측 능력이나 계획적 처리 능력도 향상된다.

　　놀이는 단순히 체력을 키우는 것 이상으로 기력도 강해지고 지적인 면에서도 다방면으로 효과적으로 발달시켜준다. 놀이를 제한받거나 놀 수 있는 환경과 조건을 갖추지 못한 아이는 커다란 부채를 지고 성장하는 것이다. 시간이 갈수록 그 부채를 해결하기 위해서 부모와 아이 모두 큰 고생을 하게 되어 있다. 등교를 거부하는 아이나 가정 내 폭력 학생의 많은 수가 유소년기를 통해 놀이를 제대로 경험하지 못했다는 사실을 우리는 간과해서는 안 된다.

　놀이는 절대 가볍게 넘겨서는 안 될 아이의 발달에서 반드시 필요한 식량이다. 심신이 건강한 아이는 모두 신나게 뛰어놀며 성장해왔다. 그리고 지금도 놀이를 즐기고 있다. 하루 2시간의 놀이는 반드시 필요하다.

가정 교육은
심층적 학력

가정 교육은 취학 전에

자유롭고 따뜻한 가정에서 자란 아이일수록 지적 능력이 발달해 있다. 시도 때도 없이 부모한테 야단을 맞거나 매를 맞고 어른의 얼굴색만 살피며 성장한 아이는 사고의 유연성과 새로운 지식을 흡수하려는 욕구, 넓은 시야를 갖는 지적 자기 개발에서 뒤처지는 경향이 있다. 반면 얽매이지 않고 여유로운 분위기에서 생활하는 아이는 그것만으로도 활달하고 지적 활동도 왕성해진다.

거기에 더해 보이지 않는 학력의 또 한 가지 구성 성분인 가정 교육이 어느 정도 이루어진 아이는 입학 후에도 학교 생활에 쉽게 익숙해진다. 가정 교육이 잘 이루어진 아이 중 학습부진아가 되는 경우는 거의 없다. 가정 교육에는 크게 네 가지 분야가 있다.

🎓 가정 교육 1 — 규칙적인 생활 습관

먼저 기본적인 생활 습관을 확립시킨다. 아침에 일어나면 바로 잠옷 정리, 잠자리 정리, 양치질과 세수, 아침 인사 후 아침 식사, 용변 보기, 책상 주위 정리 · 정돈 등 매일 같은 시각에 일정한 순서로 반복되는 단조롭지만 질서와 리듬이 있는 생활을 유지시키는 것이다.

학교에서도 마찬가지로 종소리에 따라서 일정한 질서와 리듬 있는 생활이 매일 반복된다. 종이 울리면 교실에 들어간다. 교과서와 공책을 준비하고 기다린다. 선생님에게 인사를 한다. 자리에 앉아서 떠들지 않는다. 선생님의 설명을 듣고 지시대로 한다. 책을 펴라고 하면 바로 편다. 읽으라고 하면 바로 읽는다. 글자를 쓰라고 하면 바로 쓴다. 이런 것들을 잘 따라오는 아이 가운데 저학력아가 되는 경우는 거의 없다.

그런데 선생님의 지시대로 쉽게 따르지 못하는 아이가 있다. 선생님이 교실에 왔는데도 뒤늦게 들어오는 아이, 모두 책을 꺼냈는데도 그제야 찾는 아이, 모두 글자를 쓰고 있는데도 느릿느릿 공책을 펴는 아이, 이렇게 한 박자씩 늦는 아이는 성적이 뒤처지는 경향이 있다. 가정에서 기본적인 생활 습관이 각인되지 않아서 학교 생활의 리듬에도 융화하지 못하기 때문이다.

이런 기본적인 일상 생활 습관이 배지 않은 아이는 의외로 많다. 부모에게 말하지 않을 테니까 솔직히 대답하라고 한 뒤 조사해본 결과, 매일 아침 제대로 세수를 하는 아이는 60%밖에 되지 않았다. 나머지는 가끔 세수하지 않는 날이 있다고 대답했다. 아침에 거르지 않고 양치질을 하는 아이는 절반 정도였다. 밤에 잠자리에 들기 전에 이를 닦는 아이는 30% 내외에 불과했다. 단것을 마구 먹고 양치질도 하지 않으니 충치가 있는 아이가 90%나 되는 것은 당연한 결과다.

또, 등교 전에 용변을 보지 않는 아이도 절반 가까이 된다. 배변 시간이 부정확해 상황에 따라 달라지는 것이다. 수업 중에 갑자기 핏기 없는 새하얀 얼굴로 "선생님, 배가 아파요. 보건실에 가게 해주세요" 하고 호소하는 아이가 많다. 나도 젊을 때는 '장폐색인가, 장염전(창자 꼬임), 아니면 맹장염?' 하고 당황하고 걱정되어 보건실까지 데려 가곤 했다. 그런데 배가 아프다는 아이의 십중팔구는 배에 변이 쌓여 있었기 때문이었다. 사흘, 나흘 개중에는 일주일이나 용변을 보지 않은 아이도 있다. 그래서 지금은 "보건실에 가기 전에 일단 화장실에 가서 변을 한 번 보도록 해라" 하고 화장실로 보낸다. 수업이 끝날 즈음 아이는 "이젠 배 안 아파요" 하고 환한 표정으로 돌아온다. 이 아이의 부모는 왜 아침에 변 보는 습관을 들이지 않았을까? "항상 아침에 화장실에 가서 변을 봐라" 하고 학생들에게 말하면 "네" 하고 대답은 잘하는데 잘 실행되지 않고 있다.

밤에는 온 가족이 함께 늦게까지 텔레비전을 본다. 그래서 아침에도 늦게 일어난다. 허둥지둥 일어나 급히 밥을 먹고 화장실에 들러 여유 있게 변을 볼 시간도 없이 종종걸음으로 학교에 오는 것이다.

한 가지를 보면 다른 일도 짐작할 수 있듯이 이런 상태로 생활 리듬과 질서가 잡히지 않은 아이는 학습 면에서도 제멋대로다. 꾸준히 노력하지 못한다. 학력은 영감이나 예감으로 키워지는 게 아니라 하루하루 성실하게 쌓아가는 꾸준한 노력이 있어야 갖출 수 있다. 당연히 단조로운 리듬을 견뎌내는 극기심이 필요하고 방종은 허락되지 않는다. 아이를 자유롭게 키운다는 것은 결코 칠칠찮고 무신경한 아이로 키운다는 의미가 아니다.

아이 마음속 내면적인 질서의 유무는 학력의 정착도에 크게 관여한다. 기본적인 생활 습관이 확립된 아이는 그런 점에서 학력을 확실히 습득하는 데 있어 그렇지 못한 아이들보다 훨씬 앞서 있다.

🎓 가정 교육 2 — 배려심

두 번째는 대인 관계에 대한 지도로 매너 혹은 예절이라 부르는 것이다. 우선 정적(靜的)인 측면에서 얘기한다면 타인에게 피해를 주지 않는 것이다. 다른 사람의 기본적인 인권을 침해하지 않는 것으로, 친구를 놀리거나 때리고 발로 차는 행위는 절대 있어서는 안 되는 일이다.

주위 사람에게 불쾌감을 주지 않는 아이는 그것만으로도 호감을 주어 친구들이 안심하고 다가온다. 인간 관계에서 불필요하게 신경 쓰거나 마음 고생을 하는 것이 무익하다고는 단정 지을 수 없지만 분명히 학력을 키운다는 점에서는 마이너스다. 나아가 쉽게 발끈하거나 거칠게 싸우는 아이는 정서적으로도 안정되어 있지 않다. 이런 아이들에게 공부는 우선순위가 아니다.

사람에게 피해를 주지 않고 다른 사람의 인권을 소중히 하는 지도가 일관적으로 이루어진 아이는 친구에게 부당한 취급을 받는 일이 거의 없다. 오히려 호감을 준다.

다음에는 적극적·동적(動的)인 대인 관계도 지도해야 한다. 이것은 친구를 기쁘게 해주는 것이다. 난처한 일을 당한 친구를 도와주고, 준비물을 잊어버리고 왔으면 자기 것을 빌려준다. 수업 내용을 모르는 것 같으면 가르쳐주고, 아파서 결석한 친구에게는 필기 공책을 보여준다. 이런 일을 자연스럽게 할 수 있는 아이로 키워야 한다.

요즘 아이들은 어른 세상을 따라 하는 것인지 손해니 이득이니 하는 말을 자주 한다. 그런 이해타산을 떠나 친구에게 무언가 해주는 것을 자신의 기쁨으로 느끼는 아이로 키우는 것이 중요하다. 대가나 고맙다는 인사를 기대하지 않고 다른 사람을 기쁘게 해줄 수 있는 아이는 어른이 되어 훌륭한 일을 할 싹을 가지고 있다.

성적이 좋은 아이에는 두 부류가 있다. 먼저, 공부가 뒤처지는 친구가 뭔가를 물으면 "나도 몰라" 하고 차갑게 잘라버리는 부류다. 그런 아이에게 공부 못하는 친구는 그저 경멸의 대상일 뿐이고 공부 잘하는 아이는 경쟁 상대에 불과하다. 오로지 시험점수로만 친구를 평가하는 것이다. 이러한 부류는 당면한 입시에서 성공할지 몰라도 친구들은 모두 등을 돌려 어려운 일이 생겼을 때도 함께 상의할 만한 가까운 친구 한 명 없게 된다. 사회에 나가서는 인생을 함께 이야기할 동료도 없이 결국 고독해진다. 이들에게 학문이나 일에서, 인생과 연애와 가정생활에서 막다른 곳에 다다라 좌절할 때 그에게 버팀목이 되어줄 사람은 아무도 없다.

또 한 유형은 친구들이 공부에 대해 물어보면 친절하게 가르쳐주는 타입이다. 이 유형의 아이들은 자기 일 이상으로 열의를 다해 친구가 이해할 때까지 설명해주고, 친구가 이해하면 진심으로 기뻐한다. 그런 아이는 친구들로부터 신뢰를 얻어 누군가의 도움이 필요할 때 친구도 이 아이를 기꺼이 도와준다. 성적이 나쁜 아이를 경멸하는 일은 없다. 오히려 '인간성이 좋은 정말 따뜻한 녀석이다' 하고 감동하기까지 한다. 이들은 자기보다 성적이 월등히 뛰어난 친구를 질투하는 일도 없다.

사실 이런 아이는 자기 공부라는 면에서 볼 때도 절대 손해가 아니다. 친구가 모르는 것을 납득할 때까지 가르쳐주려면 대충 알고 있거나 이해하는 정도의 학력으로는 불가능하다. 자신이 충분히 이해하고 있지 않으면 다른 사람이 이해하도록 가르칠 수 없다. 즉, 친구에게 가르쳐주는 과정을 통해 자신이 보다 깊이 이해함으로써 시간이 지나도 잊어버리지 않을 만큼 완벽히 습득한다는 최상의 부산물을 덤으로 얻는다.

친구에게 친절하게 공부를 가르쳐줄 수 있는 아이는 어른이 되어서도 동료나 후배에게 싹싹하고, 요점을 파악해 정확하면서도 통솔력 있는 지도성을 발휘해 좋은 리더가 된다. 이것은 성적의 좋고 나쁨과는 차원이 다른 무형의 재산을 갖춘다는 의미이다. 이들은 단순히 점수벌레처럼 공부에만 매달리는 아이에 비해 훨씬 폭 넓고 깊이 있는 사람으로 성장할 것이다.

🎓 가정 교육 3 — 적당한 집안일

세 번째 잊어서는 안 되는 것은 노동에 관한 가정 교육이다. 공부의 목적은 무조건 좋은 점수를 받는 데만 있는 것이 아니다. 장래에 진짜 보람 있는 일을 하기 위한 능력, 전문적인 직업을 선택할 수 있는 역량을 키우기 위해 여러 가지 어려움을 견디면서 노동 능력의 기초를 쌓는 것이다. 그런데 공부를 할수록 일하는 것이 귀찮고 싫어진다면, 모순이 아닐 수 없다.

노동에는 복잡한 전문적 · 지적 능력을 필요로 하는 분야도 있지만 비교적 단순하고 숙련도가 낮은 분야도 있다. 그러나 모든 노동에는 목표가 있고, 달성하기 위한 일정한 순서가 정해져 있으며 제멋대로의 행동이 인정되지 않는다는 공통점이 있다. 주어진 과제를 해결하기 위해서는 예측하고 계획을 세워 정확하면서도 효율적으로 순서에 따라 끝까지 책임을 갖고 수행해야 한다.

어떤 사회 제도에서도 엄격한 노동 규율은 존재한다. 그리고 사회 구성원이라면 그 규율 하에 유용하고 가치 있는 것을 생각하고 창조해야 한다. 집단적인 노동 현장에서는 자기 마음 내키는 대로 행동해서는 안 된다. 약간은 자유의 제한도 있고, 일정 시간 구속되기도 한다.

노동이란 인간의 여러 능력을 사용해야 하는 것으로, 노동하는 과정에서 능력은 더욱 발전된다. 능력을 발휘해 일을 완수한 후에는 말로는 표현할 수 없는 쾌감을 맛볼 수 있다. 동시에 노동은 힘들고 고통스러운 면도 있다.

부과된 노동을 완벽하게 수행하는 힘은 하루아침에 생겨나지 않는다. 시간을 두고 긴 안목으로 훈련하는 게 필요하다. 그러므로 노동을 싫어하지 않고 수행할 수 있도록 아이가 어릴 적부터 습관을 갖추게 하는 것이 중요하다.

일반적으로 성적이 좋은 아이는 매일 10~20분 정도 집안일을 한다. 맞벌이하는 부모를 도와 쌀 씻기, 컵 씻기, 세탁기 돌리기, 뒷정리 같은 일 중 하나를 맡아서 책임 있게 하는 아이는 성적도 상위권인 경우가 많다. 어머니가 전업주부인 가정도 욕실 청소, 현관 청소, 계단 쓸기, 마당 쓸기 등 적당히 집안일을 시키는 가정의 아이가 남녀 불문하고 자세도 바르고 학력도 높은 편이다.

집안일은 단순한 심부름 수준과 달리 원활한 가정생활을 유지하기 위한 필수적인 노동이다. 단순한 심부름 정도라면 굳이 하지 않아도 생활에 지장을 주지 않지만 책임이 주어진 가사 노동은 아이가 해주지 않으면 불편이 따른다. 맞벌이 가정의 아이가 저녁밥 짓는 일을 맡았을 경우 친구들과 노는 데 정신이 팔려 쌀 씻기를 잊어버렸다면 가족 모두 제때 저녁 식사를 할 수 없다. 배고픈 것을 꾹 참고 밥이 되기를 기다려야 한다. 또는 세탁을 담당한 아이가 세탁기 돌리기를 게을리 하면 하루 이틀 사이에 빨래가 쌓인다.

노동을 하기 전에는 당연히 계획적으로 순서를 정한다. 그리고 꾀를 부리지 않고 일이 끝날 때까지 제대로 해야 한다. 놀고 싶어도 참아야 한다. 만화책이나 텔레비전을 보고 싶어도 견뎌야 한다. 그렇게 해서 계획성과 함께 인내라는 덕성을 갖추게 된다.

게다가 집안일을 하지 않으면 안 되는 시각이 되면 서둘러 해야 한다. 우물쭈물해서는 안 되고 스위치의 전환이 필요하다. 매일 책임 있게 집안일을 분담하는 아이는 쉽게 스위치 전환을 한다. 빠르면서도 확실하게 집안일을 끝낸 후 자신이 하고 싶은 일을 하려고 한다. 저절로 집중력도 생기고 민첩성도 생긴다. 이런 아이는 일도 공부도 척척 처리할 수 있다.

더불어 집안일이라는 노동을 통해 부모의 고생도 이해하는 아이가 된다. 한편으로는 자신도 가정생활을 유지하기 위해 없어서는 안 되는 일원이라는 긍지도 갖는다. 자신이 하는 일이 어머니의 부담을 덜어주고 아버지의 피로를 풀어주는 데 큰 역할을 한다고 실감한다. 이렇게 가사 노동은 가족 사이의 유대를 강화하고 배려하는 마음을 키워 다른 사람의 입장을 이해하는 아이로 만든다. 사람을 소중히 하는 태도도 갖게 된다.

집안일에는 손 하나 까딱하지 않고 성장한 아이는 칠칠찮고 제멋대로이며 평생 일하기 싫어하는 태도를 갖게 된다. 툭 하면 말대답을 하고 지시에 따르지 않는다. 단조로운 일이나 끈기가 필요한 학습은 특히 싫어하게 된다.

어릴 적부터 생활 습관으로 가사 노동을 분담해 실행한 아이는 일이든 공부든 무책임하게 하는 경우가 거의 없다.

옛날에는 아이가 어릴 적부터 자연스레 일을 시켰다. 농가의 아이라면 닭 모이 주기나 물 긷기, 소꼴 베기, 어린 동생 돌보기 등은 매일 당연히 해야 하는 일이었다. 조금 커서는 농번기가 되면 어른 한 사람 몫의 노동력을 기대하는데다 학교도 쉬기 때문에 아침부터 밤까지 쉼 없이 일했다. 장사하는 집의 아이라면 가게 보기나 배달은 일상 생활이었다.

도시 아이들도 걸레질이나 청소는 매일 했다. 어른들처럼 일찌감치 어른 한 사람 몫의 일을 하고 싶어했고 친구들끼리도 일을 얼마나 잘하는지 서로 경쟁했다.

예전 부모들은 교양도 거의 없었고 학력(學歷)은 고등소학교가 고작이다. 지금의 중학교 2학년 수준이다. 학력(學力)도 그리 높지 않았을 것이다. 그러나 '인간으로서 살아가는 힘' 만큼은 제대로 갖고 있었다. 그 힘은 주로 가정에서 키워졌다.

그 시절 완고한 할아버지들은 대부분 "농사 짓는 농부나 고기 잡는 어부에게 무슨 공부가 필요하냐. 공부 같은 거 안 해도 된다. 공부를 많이 한 인간은 괜한 억지를 부릴 뿐이다"라고 말했다. 대신 농기구를 사용한 후 깨끗이 씻지 않으면 벼락같은 불호령이 떨어졌다. 부모들은 농부로 살아가기 위한 기술과 지식, 거기에 농부의 마음가짐이라는 것을 직접 자식에게 전해준 것이다.

아이는 학교에서 배우는 것보다 부모나 이웃 어른, 동네 형이나 언니들로부터 배우는 것들이 살아가는 데 무기가 되었다. 부모는 가르치고 기른다는 한자 뜻 그대로 '교육자(教育者)'였다. 그리고 그들의 교육 수단은 노동이었다. 논과 밭에는 얼마든지 살아 있는 교재가 있었다. 아이들은 노동을 통해 인격을 단련하고 인간다워졌다.

옛날부터 잘 놀고 일 잘하는 사람이 자살한 예는 거의 없다. 최근에는 초등학생도 신경증에 걸리거나 스스로 목숨을 끊는 아이가 늘고 있다. 이것은 살아가는 힘이 약해졌다는 증거다. 이런 일을 방지하기 위해서는 부모나 교사가 신경 쓰고 배려할 필요도 있지만 어릴 때부터 잘 놀고 일도 잘하는 아이로 만드는 것보다 좋은 예방법은 없다.

네 번째는 가정 학습 지도다. "공부는 학교에 맡겨라" 하고 말하는 사람도 있는데 초등학생의 학력은 학교에서 배운 것만으로는 정착하지 않는다. 새 교재를 배울 때 선생님은 여러 방법을 강구해 모든 아이가 이해할 수 있도록 수업을 진행한다. 어지간히 어려운 교재가 아닌 한 아이들은 일단 이해한다. 하지만 이해한 것이 정착하느냐 마느냐는 이후의 공부 방법에 달려 있다.

선생님의 설명을 들었을 때는 이해를 했어도 집에 돌아가 복습도 하지 않고 텔레비전만 보다가 그대로 자버리면 자신의 학력으로 정착하지 못한다. 그 날 배운 것을 반복하지 않고 내버려두면 만 하루가 지나 3분의 1 정도를 잊어버린다. 일주일 동안 복습을 전혀 하지 않으면 거의 잊어버리고, 설령 기억한다고 해도 완벽하지 않다. 학교에서 배운 것을 그날 잠자리에 들기 전까지 재생적으로 복습하지 않으면 확실한 학력이 되지 못한다.

가정 학습 없이 똑똑해진 사람은 없다. 자유롭게 키운다는 얘기는 가정 학습을 전혀 시키지 않는다는 것이 아니라 아이에게 리듬 있는 생활을 하게 한다는 의미다. '집에 돌아오면 곧바로 숙제를 한다. - 한동안 집 밖에서 친구들과 논다. - 저녁 식사 후 일정한 시간 공부를 한다. - 그 후 독서를 한다.' 가정마다 방식이나 순서는 다르겠지만 이러한 식으로 공부시키지 않으면 안 된다.

외국에서 생활한 사람은 "그 나라 아이들은 집에서 절대 공부시키지 않는다. 일본에서는 아이들에게 너무 공부만 시킨다"고 말한다. 그 말이 맞다. 그러나 유럽 선진국에서는 지적 능력을 살린 전문직, 가령 과학자, 변호사, 의사, 연구자, 교사를 희망하는 사람은 초등학생 때부터 학교와 가정에서 나름의 밀도 있는 교육을 받는다. 단, 가업을 이어받을 아이들만 예외이다.

가정 학습 지도에서는 아이에게 무리한 것을 강요해서는 안 된다. 흔히 학습부진아라 불리는 가성(假性) 저학력아가 되지 않도록 매일 '해당 학년×10분의 가정 학습'이 바람직하다. 초등학교 1학년은 10분, 2학년은 20분, 3학년은 30분, 6학년은 1시간, 중학교 3학년은 1시간 반이 된다. 절대 무리가 아니다. 물론 숙제도 포함한 시간이므로 학교에서 내준 숙제를 빠뜨리지 않고 하면 최소한 저학력아가 될 일은 없다. 조금 욕심을 부려도 매일 '해당 학년×20분'이 한도다. 초등학교 1학년은 20분, 2학년은 40분, 3학년은 1시간, 6학년이라면 2시간, 중학교 3학년은 3시간이 기준이다. 이것이 최대 시간이다. 그이상 시켜서는 안 된다. 전체적인 발달 면에서 폐해를 불러와 오히려 역효과가 된다.

그보다는 친구들과 놀고, 집안일을 하고, 가족과 함께 시간을 보내고, 독서를 하는 것이 훨씬 중요하다. 문제집 중심의 학습으로는 결국 막다른 곳에 이르게 된다. 보이지 않는 학력을 풍부하게 넓히는 것, 깊이 있게 갈고닦는 것이야말로 장래의 성장을 보장한다.

🎓 학습 의욕과 끈기

가정 학습 지도는 사실 간단하지 않다. 초등학교 입학 직후라면 크게 고생하지 않고 아이에게 공부 습관을 가르칠 수 있지만 학년이 올라갈수록 어려워진다. 그러므로 가능한 한 저학년 때 훈련을 시켜야 한다.

만일 가정에서의 학습 지도 시기를 놓쳤다면 다음의 두 가지를 병용할 필요가 있다.

하나는 왜 공부하지 않으면 안 되는지, 공부의 의의에 대해 아이와 대화를 나눠야 한다. 이때 '고등학교에 들어가야 하니까', '너의 장래를 생각해서'라는 식의 강요라면 차라리 하지 않는 편이 낫다. 아이 스스로 자신의 미래를 헤아려보며 마음 깊은 곳으로부터 공부하자는 생각이 일어날 수 있는 대화가 필요하다. 그렇지 않으면 진심으로 공부하려는 마음이 생기지 않는다. 이 대화에는 아버지도 적극 참여해야 한다.

또 하나는 의욕이 있어 보여도 공부를 계속해 나가는 끈기가 아직 약한 경우다. 체력이나 기력도 미덥지 않다. 정확히 말하면 학습 자세를 무너뜨리지 않고 공부하기 위한 정근(靜筋. 운동하지 않을 때 신체를 바르게 하는, 주로 등근육을 말함—옮긴이) 즉, 공부력이 아직 발달하지 않았기 때문이다. 마치 엉금엉금 기는 아기가 주변 물건을 잡고 겨우 일어섰을 때와 같다. 아직 혼자서 성큼성큼 걷는 힘이 없는 아기의 손을 부모가 잡아주거나 몸을 받쳐주어야 하는 것과 같다.

아이가 비틀거리며 걸을 때 "어머, 잘 걷네!" 하며 칭찬하고 격려했던 때를 떠올려보자. 그때처럼 친절하게 손을 내밀어야 한다. 조금이라도 성장이나 발달 징후가 보이면 진심으로 기뻐해주어야 한다. 지금 아이는 키만 크지 공부를 계속할 수 있는 심신의 힘은 아직 갓난아기와 같다. 자립해서 공부에 전념하게 되려면 아직 시간이 필요하고 쉽게 달라지지 않는다. 이런 경우 부모의 인내심이야 말로 가정 학습 습관의 가장 중요한 열쇠가 된다. 부모의 자세가 아이의 학습 습관 성패를 결정하는 것이다. 그러므로 가장 주의할 점은 부모가 여유를 갖고 조바심을 내지 않는 일이다. 매일 일정 시간 책상 앞에 앉아서 공부하는 습관을 갖는 것이 중요하다. 어떤 공부를 하느냐는 이차적인 문제다.

10일이나 20일 지속적으로 공부했다고 해도 학력이 눈에 띄게 향상되지는 않는다. 적어도 반 년 이상 지속하지 않으면 안 된다. 아이 스스로 공부할 수 있을 때까지 지도하는 데는 아버지와 어머니의 협력 아래 인내심이 필요하다.

🎓 스스로 공부하기

매일 부모의 잔소리 없이도 아이 스스로 가정 학습을 하도록 지도한 실제 예를 소개한다. 맞벌이 가정의 그 아이는 초등학교 5학년 남학생으로 공부를 제일 싫어했다. 학습부진아라는 것은 통지표로도 짐작할 수 있다. 체육 이외에는 성적이 2와 3 정도가 교대로 씌어 있고, 예습, 복습도 없이 숙제를 해오는 것이 고작이었다.

어머니는 아이에게 공부할 마음이 있는지를 알아보기 위해 여러 날에 걸쳐 대화를 나누었다. 공부를 하지 않으면 안 되는 건 알지만 귀찮고 싫다던 아이가 시간이 지나면서 점차 혼자 하는 것은 싫고 누가 도와주면 하겠다는 식으로 조금씩 바뀌었다. 그 기회를 놓치지 않고 부모가 열심히 도와주기로 약속했다.

첫날 가정 학습은 불과 5분 만에 끝났다. 학습이 매우 부진한 아이였기 때문에 공부하자고 책상 앞에 앉아도 무얼 해야 좋을지 모르고 갈피를 잡지 못한다.

부모는 "너는 아직 오랜 시간 집중해서 공부에 열중할 수 있는 공부력이 없으니까 오늘은 5분만 하자. 그 대신 내일부터는 매일 1분씩 늘리는 거야. 한 달 동안 계속하면 35분 동안 공부할 수 있어. 두 달 하면 1시간 이상 공부할 수 있는 힘이 붙는 거지" 하고 앞으로 계획을 말해주었다. 5분 정도는 금방 지나 "오늘은 그만! 내일은 6분이다" 하고 미련 없이 놀게 해준다. 아무것도 공부하지 않은 채 지나간 5분이었다.

다음 날이 되자 아이는 계산 연습이라도 해볼까 하고 책상 앞에 앉는다. 문제집을 들쳐보며 무얼 해야 좋을지 생각하는 사이에 쏜살같이 6분이 지난다. 이렇게 4~5일이 지나자 아이는 책상 앞에 앉아서 먼저 "엄마, 시간 재주세요" 하고 말한다. 이것이 최초의 전환점이다. 무엇을 할지 명확한 목표가 생긴 것이다.

이때 "시간은 스스로 재" 하고 냉정하게 반응하면 안 된다. 부모에게 정신적으로 안기고 싶어하기 때문이다. 아직은 자립하지 못해 혼자 하라고 하면 금방 의욕을 잃는다. 부모와의 일체감을 필요로 하는 상태이기 때문에 부드럽게 감싸주어야 한다.

20일 정도 지속했을 때 저녁 식사 시간에 화제로 삼으면 좋다. "형이 요즘 공부를 아주 열심히 한단다" 하고 동생에게 말해주는 것이다. "여보, 우리 아이가 아무래도 공부에 의욕이 생기나 봐요" 하고 남편에게 신이 나서 이야기하는 것도 효과적이다. 이렇게 두 번째 전환점이 찾아온다. "나는 한자에 약하니까 매일 200자씩 공부할 거예요" 또는 "계산을 못하니까 열심히 할래요" 하고 스스로 해야 할 과제를 찾아 실행하는 단계에 이르는 것이다. '무얼 해야 좋을까' 생각하다 지쳐버린 경우에는 담임선생님께 물어보라고 해도 좋다.

이렇게 한 달간 지속하면 매일 1분씩 늘렸으므로 이제 매일

30분 이상 앉아서 공부할 수 있게 된다. 그렇게 한 달이 지나면 축하를 해준다. 저녁 식사에 맛있는 요리를 해주고 생일보다 기쁘게 축하해준다. 큰 의미가 있는 저녁이기 때문이다. 그토록 공부하기 싫어하던 아이가 이렇게 할 수 있게 된 것을 온 가족이 기뻐해주는 것이다. 아이는 분명 수줍어하면서도 내일부터 더욱 열심히 하자고 스스로 다짐할 것이다.

두 달 지나면 한 시간이 넘는 공부도 힘들이지 않고 할 수 있을 만큼 성장한다. 석 달 지속하면 한 시간 반도 공부하게 된다. 그 이상의 양은 필요치 않다.

석 달이 지나면 가정에서 매일 저녁 공부하는 것이 일상이 된다. 더 이상 잔소리하며 독촉하지 않아도 예전의 아이와 비교해 완전히 다른 사람이 된 것처럼 스스로 공부하고 약간의 소음 정도는 신경 쓰지 않는 공부 습관을 갖추게 된다.

🎓 공부 습관은 3개월이 승부

가정 학습을 습관화하려면 최소 3개월은 부모가 끈기를 갖고 받쳐주어야 한다. 학력이 10~20일 만에 간단히 키워지지 않듯이 공부하는 습관 역시 단기간에 만들어지지 않는다. 이것은 대뇌생리학적으로도 설명할 수 있다.

인간이 어떤 행동을 무의식적으로 반복하려면 대뇌세포에 똑같은 자극과 흥분이 가해져야 하고, 그것이 다른 대뇌세포와 연결해서 축색 주위를 수초(髓鞘)라는 지방으로 된 막이 덮일 때까지 3개월 정도의 시간이 걸린다. 이러한 세포 네트워크가 완성되면 노력하지 않아도 무리 없이 행동할 수 있다.

네 발로 기는 아기가 혼자 걸을 수 있으려면 3개월이 걸리고, 옹알이를 시작한 아기가 의미 있는 말을 하게 되는 데도 그 정도의 시간이 걸린다. 탁구나 배구를 시작한 사람이 기본 기술 한 가지를 익히기 위해서도 역시 3개월이 걸린다. 칫솔질 습관도 그렇고, 공부 습관도 마찬가지다.

대뇌세포의 네트워크가 완전히 만들어질 때까지 3개월 동안 매일 일정한 시간 책상 앞에 앉아서 공부해야 습관으로 정착된다. 물론 아이 스스로 미래를 계획하고 의욕적으로 하려는 욕구가 강하다면 부모가 크게 도와줄 필요는 없다.

텔레비전의
10가지 해악

TV 방송 중에는 좋은 프로그램도 많다. 속 시원한 이야기나 눈물샘을 자극하는 감동적인 다큐멘터리도 많다. 시공을 초월하는 새로운 지식도 얻을 수 있다. 과학, 문화, 예술을 깊이 있고 흥미롭게 보여준다. 나쁜 프로그램만 있는 것은 아니다.

그러나 아무리 좋은 내용만 있다고 해도 하루 종일 텔레비전을 켜놓으면 생리적 · 물리적인 피해를 입는다. 심리적 · 정신적으로도 부정적인 영향을 받는다. 생각할 수 있는 텔레비전의 부정적인 영향을 10가지 정도 들어보자.

🎓 정서 장애와 몸의 파괴

첫째, 갓난아기 때부터 텔레비전에 노출되면 정서 장애를 일으킬 우려가 있다. 일본 정신기술연구소의 이와사 교코(岩佐京子)의 연구에 의하면, 텔레비전 앞에 아이를 방치하면 언어 발달 면에서 심한 장애를 일으킨다고 한다.

한 젖먹이 아이는 아침 9시부터 밤 11시까지 계속 텔레비전이 켜진 방에 방치되었다. 부모가 아이에게 말을 거는 일도 거의 없었다. 그 아이는 30개월이 되어도 전혀 말을 하지 못했다.

텔레비전을 켜놓은 채 두면 아기는 사람의 말과 텔레비전에서 나오는 말을 구별할 수 없게 된다. 가끔 부모가 말을 걸어도 반응하지 않고 달래도 웃지 않는다. 그렇다 보니 어른도 아기를 상대하지 않아 아이의 발달은 더욱 뒤처진다. 그 아이에게는 부모의 말이 밖을 지나는 자동차 소리처럼 무의미한 굉음에 불과하다. 그래서 언어 발달이 뒤처지는 것은 텔레비전 탓이라는 설이 주장되고 있다. 반면 뭔가 다른 원인으로 뇌에 미세한 장애가 일어나기 때문이라는 설도 있다.

둘째, 텔레비전에서 발생하는 음극선의 해로움이다. 컬러 텔레비전은 100볼트의 가정 전류를 약 2만 볼트로 변압해 음극선을 방출한다. 고속으로 내쏘는 전자 빔이 브라운관을 통해 형광면에 닿아 화상으로 보이는 것이다. 매일 3시간씩 30년간 보면 재생 불량성 빈혈증이나 백혈병에 걸릴 수도 있다. 이후 어떻게 될지는 신만이 안다.

셋째, 몸을 망가뜨린다. 최근 근시 아이들이 많아졌다. 빛이 강한 화면을 매일 몇 시간씩 쳐다보니 눈이 나빠지는 게 당연하다. 옛날에는 양쪽 눈의 시력이 모두 1.2인 아이들이 보통이었다. 지금은 0.9 이하인 아이들이 학급의 30% 이상을 차지한다. 학년이 올라갈수록 근시 아이가 증가한다. 중학생이 되면 전체 학급의 40%가 근시다. 과도한 공부에 의한 것이 아니라 명백하게 텔레비전 때문이다.

게다가 오른쪽 눈이 0.9이고 왼쪽이 0.3인 '한쪽 근시'인 아이가 매우 많다. 텔레비전은 입체적인 상(像)이 아니기 때문에 한쪽 눈만으로도 충분히 볼 수 있다. 저녁 식사 후의 광경을 상상해보면, 거실에 가족이 모여 아버지는 텔레비전 정면에 앉고 누나가 그 왼쪽에 있다. 누나는 오른쪽 눈으로만 텔레비전을 보는 것이다. 남동생은 아버지 오른쪽에서 턱을 괸 채 보고 있다. 왼쪽 눈으로만 2시간 이상 주시하고 있다. 그렇게 화면을 보는 눈은 극도로 피곤하다. 연일 눈의 피로가 이어지면 시력도 떨어지고 한쪽 눈만 가성근시가 된다. 오랜 시간 그대로 방치하면 원래의 시력으로 쉽게 되돌아갈 수 없다.

또 긴장해서 보면 몸이 피곤하고 자세가 무너진다. 등이 구부정해지고 결국 바닥에 누워서 보게 된다. 당연히 몸통 근육이 약해진다. 상체를 받쳐주는 등의 근력이 약해지는 것이다. 니시노미야 시(西宮市)의 나카무라 다다시(中村正) 선생님의 조사에 의하면, 6년 전 70.4kg이었던 초등학교 6학년 남학생의 등 근력이 지금은 54.9kg으로 떨어졌다. 초등학교 6학년 여학생의 경우는 56.2kg에서 42.4kg까지 떨어졌다. 이것은 1~1년 반 정도 발달이 뒤쳐졌음을 나타내는 것이다. 민첩함도 함께 크게 떨어졌다. 등이 구부정해지는 약한 근육으로는 척추를 제대로 받쳐줄 수 없다. 최근 들어 척추가 옆으로 휘는 척추측만증을 갖고 있는 아이들도 늘어났다.

텔레비전의 지나친 시청은 기초 체력마저 크게 위협한다. 책상 앞에 앉은 지 20분도 되지 않아 등이 구부정해지며 앉아 있는 것이 힘들고, 30분 정도 글을 쓰면 글자가 흐릿하게 보인다면 제대로 공부할 수 없다.

텔레비전의 과도한 시청은 아이의 눈과 몸을 망가뜨린다. 텔레비전 시청을 제한하는 게 불쌍하다고 내버려두는 부모의 마음이야말로 아이를 진짜 불쌍하고 비참하게 만들어버리는 것이다.

🎓 텔레비전 중독과 무기력

넷째, 텔레비전 중독 환자가 된다. 한 공업고등학교 선생님이 그 점을 지적했다. 수업 중에 무엇을 가르쳐도 학생들이 멍하니 정신을 놓고 전혀 반응이 없다는 것이다. 10~20년 전만 해도 교사에게 불평을 하거나 교실 밖을 돌아다니며 반항적인 어투를 내뱉던 고등학생이 지금은 아예 무기력한 상태가 되어 입도 뻥긋 하지 않는다. 우스운 소리를 해도 무표정, 야단을 쳐도 맥 빠진 시선, 일을 시켜도 내키지 않아 하는 태도를 가진 고등학생이 점점 늘고 있다고 한다.

선생님은 짐작 가는 것이 있어서 학생들의 텔레비전 시청 시간을 조사해보았다. 그 결과 놀랍게도 매일 4시간 이상 텔레비전을 시청하는 학생이 대부분이었다. 수업을 마치고 집에 돌아가는 것은 대개 오후 5시경이다. 식사와 샤워를 제외하면 나머지는 텔레비전 앞에 찰싹 붙어 있다는 얘기이다. 많게는 밤 11시가 넘어서까지 텔레비전을 본다. 그 선생님은 "무기력과 무감동은 일종의 병이다. 바로 텔레비전 병이다"라고 지적한다.

텔레비전은 마약 못지않게 사람을 유혹한다. 텔레비전 중독인 사람은 텔레비전이 없으면 외로워 견디지 못한다. 왠지 불안하고 마음에 구멍이 뻥 뚫린 느낌이 든다는 것이다. 아내보다, 아이보다 텔레비전이 더 친근하고 매혹적이다.

예전에 나는 위에 종양이 생겨서 위 절제 수술을 받았다. 수술 후, 담당 의사는 독서는 물론 편지 쓰기도 안 된다며 안정을 취하라고 했다. 조금 괜찮아지자 텔레비전 시청은 괜찮다고 해서 처음으로 텔레비전을 샀다. 14인치 컬러 텔레비전이었다. 마침 캔디스(1970년대 활약한 일본의 여성 3인조 아이돌 그룹—옮긴이)가 해체하는 날이었다. 그 후, 두 달 동안 나는 매일 텔레비전 앞에 붙어 있었다. 아침이 몹시 기다려졌다. 모든 채널의 프로그램을 꿰고 있었다. 처음에는 문화 교양 프로그램을 자주 보았는데 차츰 오락 프로그램으로 바뀌었다. 연예인의 얼굴과 이름을 전부 외웠다.

퇴원 후, 석 달 간 집에서 요양할 때도 매일 텔레비전만 봤다. 미뤄두었던 책도 읽어야 하고 청탁 받은 원고도 서둘러 써야 한다고 생각하면서도 손도 대지 않았다. 텔레비전이 내 생활의 중심이 되어버린 것이다.

그때 텔레비전이란 참 무서운 것이라고 생각했다. 조금이라도 귀찮은 일은 전혀 하지 않게 되어버린다. 그래서 텔레비전 중독인 아이에게 아무리 공부를 시키려고 해도 절대 진지하게 받아들여주지 않는다. 하루에 2시간 이상 텔레비전을 보는 아이는 경증의 중독 환자이고, 4시간 시청하는 아이는 중증 중독 환자다. 게다가 가족 전원이 텔레비전 병에 걸리면 아무도 눈치채지 못한다. 모두 아무렇지 않게 텔레비전 속으로 빠져들기 때문이다.

🎓 인격 장애 초래

다섯째, 인격을 변질시킨다. 몇 년 전, 호주 국립대학 교수 13명이 텔레비전이 인격에 미치는 영향에 대해 공동 연구한 결과를 논문으로 발표했다. 텔레비전을 보면 인격의 중추인 대뇌에 치명적인 손상이 가해져 그 결과 충동적이고 순간적으로 태연하게 잔혹한 짓을 하는 인격으로 변질된다는 것이다. 전문용어가 들어가서 이해하기 어려운데, 이런 식으로 씌어 있다.

텔레비전을 보면 시각, 분석, 계산 등을 관장하는 대뇌의 좌측 피질이 화면 이동에 주목하는 것으로 산란 상태가 된다. 한편 컬러 신호를 받아들이는 우측 피질은 정보억제력을 상실해 양쪽 피질 간의 통행이 감소하여 뇌 구조의 파괴에 가까운 관성 상태가 된다. 그 결과, 충동적 · 공격적인 반응을 보이기 쉽다.

그 때문인지는 모르지만 지금 일본 각지에서는 상상을 초월하는 흉악한 범죄가 빈발하고 있다. 그리고 범인은 모두 텔레비전에 깊이 빠져서 성장한 세대다.

여섯째, 범죄에 둔감해진다. 미국에서는 살인범을 변호할 때 "이 청년이 철 들기 시작할 무렵부터 텔레비전에서는 1만 8천 건이 넘는 살인 장면이 방영되었다. 이 청년은 그 영향을 크게 받았다. 따라서 진범은 이 청년이 아니다"라는 주장까지 했다고 한다.

게이오 대학 교수이자 심리학자인 이와오 스미코(岩男壽美子) 교수의 조사에 의하면, 특정 일주일 동안에 방영된 139개 프로그램 가운데 폭력행위는 626건이나 되었고, 557명이 살인당하고, 729명이 상해를 당한 것으로 집계되었다. 일본을 찾는 교양 있는 외국인들은 "왜 이렇게 잔혹하고 추악한 장면을 끝도 없이 방영하나", "일본은 아직 야만국이다. 이런 데이터를 보면 일본을 신용할 수 없다. 머지않아 하룻밤 사이에 다시 군국주의가 될 게 뻔하다" 하고 비판한다. "어째서 부모들은 시위라도 해서 아이들에게 맞지 않는 프로그램을 추방하지 않는가. 프랑스에서 이런 프로그램을 방영했다가는 바로 시위대가 조직되고 방송국 사장은 그날 밤으로 해고될 것이다. 대체 일본은 어떻게 된 나라인가" 하고 의아하다는 듯 되묻기도 한다.

만화, 극장판 애니메이션에까지 깊숙이 파고든 범죄 장면은 무의식중에 범죄와 비행에 둔감한 청소년을 양산한다.

생각하는 힘의 약화

일곱째, 개념의 형성과 추상적 사고의 발달을 저해한다. 텔레비전은 스위치만 누르면 바로 음악과 함께 컬러 화상으로 즐기는 문화이다. 힘들이지 않고 볼 수 있는 전기 그림 연극이다. '영상 문화, 이미지 문화'라고 말하지만 기본적으로는 언어의 매개를 필요로 하지 않는 문화이자 직접 대뇌의 구피질에 있는 정서 중추에 작용하는 문화다. 즉, 정서 문화다.

예를 들면, 우리는 스웨덴 어는 하나도 모른다. 그러나 스웨덴 포르노 영화를 보면 음악도 흐르고 컬러 영상으로 또렷이 보이기 때문에 무엇을 의미하는지 별다른 말 없이도 알 수 있다. 또, 프랑스 어를 잘 모르는 사람이 프랑스 스릴러 영화를 자막 없이 봐도 내용을 충분히 이해할 수 있다. 정서 문화란 언어를 사용하지 않아도 이해할 수 있는 특질을 갖고 있는 문화다.

어른 세계와 그 논리나 말을 거의 모르는 어린 아이도 텔레비전의 무서운 화면을 보면 눈을 감고, 슬픈 장면을 보면 눈물을 글썽인다. 재미있는 장면에서는 깔깔대며 웃는다. 똑똑하거나 조숙해서 그런 것이 아니다. 언어를 빼고도 이해할 수 있는 문화이기 때문이다.

이렇게 되면 어린이 시청자는 눈에 보이는 세계에만 사로잡혀 아무것도 스스로 생각할 필요 없이 멍하니 쳐다보기만 하면 된다.

그런데 학교에서 아이들에게 전해주는 문화는 기본적으로는 문자 문화, 활자 문화다. 보다 정확히 말하면 언어 문화, 개념 문화로 정서 문화와는 질이 완전히 다른 문화다. 단순히 글자의 모양만 읽어서는 문자 문화를 이해할 수 없다.

　문장을 전체적으로 파악하고, 내용과 그려지는 장면과 정서를 상상하면서 거기에 사고를 더해 이해하는 것이 활자 문화의 특징이다. 이해한 후에는 그것을 문자화하거나 수식으로 나타낸다. 즉, 문자 문화는 '문자 → 이미지 → 문자'라는 복잡한 사고과정을 필요로 하는 문화다. 머리를 써야 하고 글자도 써야 한다. 정서 문화를 대할 때와는 달리 매우 귀찮은 절차를 필요로 하는 문화다.

　게다가 학교 교사는 텔레비전에 나오는 탤런트처럼 잘생기고 예쁘지 않다. 항상 웃는 얼굴을 보여주는 것도 아니다. 수업은 15분마다 끝나지도 않고 중간에 광고도 하지 않는다. 과자를 먹으면서 공부하는 것은 생각도 할 수 없고 자세를 바르게 하지 않으면 바로 주의를 받는다. 필기도 하는데, 잘못 쓰거나 지저분하게 쓰면 다시 쓰라고 지적당한다. 숙제까지 내준다.

　반면 텔레비전의 탤런트는 전혀 그렇게 하지 않는다. 늘 미소짓는다. 그래서 텔레비전에만 빠져 성장한 아이는 학교의 기조를 이루는 개념 문화, 문자 문화에 쉽게 적응하지 못한다. 학습부진아는 오랜 시간 텔레비전을 보는 아이 중 대량으로 발생한다.

텔레비전 시청 시간과 학업 성적

과목	통지표 평가	장시간 시청(주 18시간 이상)	단시간 시청(주 2시간 이하)
국어	5	0	7
	4	14	15
	3	20	13
	2	14	4
	1	2	1
	(평균)	(2.92)	(3.86)
사회	5	3	12
	4	12	15
	3	19	18
	2	13	4
	1	3	1
	(평균)	(2.98)	(3.66)
수학	5	3	8
	4	10	19
	3	22	17
	2	12	5
	1	3	1
	(평균)	(2.96)	(3.56)
과학	5	4	12
	4	14	15
	3	17	18
	2	14	5
	1	1	0
	(평균)	(3.12)	(3.68)

니시노미야 다카키 초등학교 5~6학년 522명, 1979년 6월 조사

다시 한 번 나카무라 다다시 선생님의 텔레비전 시청 시간과 학업 성적의 관계에 대한 연구 리포트를 소개한다. 조사 대상은 니시노미야 구장 북쪽의 다카키 초등학교의 5~6학년생 522명이다. 이 학교가 있는 지역은 전형적인 도시 주택지다.

텔레비전 시청 시간이 많은 아이와 적은 아이 각각 50명에 대하여 학과 성적 평가치를 집계했다. 시청 시간이 많은 기준은 일주일에 18시간 이상 시청하는 아이로, 하루 평균 2시간 30분 정도다. 적은 아이는 일주일에 2시간 이내로 하루 평균은 17분 정도다.

이 조사 결과, 텔레비전 시청 시간이 적은 아이가 많은 아이에 비해 성적이 좋은 것으로 드러났다. 물론, 소수이기는 하지만 텔레비전을 보지 않는 아이 중에 학업 성적이 크게 떨어지는 아이도 있었다. 그런 아이들은 텔레비전에도 흥미를 갖지 않을 만큼 발달에 문제가 있어서 일반적인 지적(知的) 학습에는 참여할 수 없는 경우였다. 이 결과로 볼 때, 텔레비전 중독은 언어능력 발달에 크나큰 지장을 초래한다는 것을 판단할 수 있다.

언어 능력은 지적 능력의 중추이다. 그것은 학력을 규정하고 그 상한을 결정한다. 그런 언어 능력은 성적 면에서 국어의 평가수치로 나타난다. 텔레비전 중독은 문장 언어를 구사하는 능력의 발달, 즉 개념을 조작하고 추상적으로 사고하는 능력 발달을 저해한다.

나카무라 선생님의 조사 결과, 아이들이 좋아하는 텔레비전 광고는 다음과 같은 것들이다.

"고타로, 엄마 말을 누워서 듣는 사람이 어딨니! 아주 꽝이야! 아타리다몽(맞았지롱)! 아타리보(맞히면)면 하나 더!"(메이지 제과의 아이스바)

"에이에이 UFO(유포-, '맛있다, 두껍다, 크다'라는 뜻의 '우마이, 후토이, 오키이'의 약자―옮긴이) 제제"(닛신 식품의 컵 야키소바)

"스포롱 마시면 어떻게 될까, 스포롱 마시면 이렇게 되지. 스포롱, 스포롱"(글리코 식품의 유산균 음료)

"아저씨, 치즈비트 줘요. 아저씨 정말 상냥하네"(가루비 식품의 치즈 스낵)

"복숭아 피~치, 피치, 다케카와가 말하네"(모리나가 제과의 복숭아 넥타)

"불타라, 여자여! 불타라 나쓰코(夏子), 눈부신 너와의 만남…… 아이섀도 나쓰코의 나쓰(夏,여름)"(시세이도)

"컴 온 인 코크"(코카콜라)

"카이초(회장님), 써보세요, 핍에레키반, 만사 카이초(쾌조)!"
(다이세이 제약 가정용 자석파스)

"나의 길은 내가 연다! 뜨거운 피가 용솟는 남자의 길, 인생! 티오비타"(다이호 약품 건강 드링크)

"둘이서 하나요. 해피니스 해피니스 …… 산토리 맥주"(산토리 맥주)

10개 정도 써보았는데 읽다 보면 나도 모르게 창피해진다. 어떻게 이런 말을 쓰는지 화가 난다. 아이들이 이런 속어에 빠져 있는 한 바른 말을 구사하는 힘은 결코 생기지 않을 것이다.

🎓 불규칙한 생활이 만들어내는 저학력

여덟째, 텔레비전 시청으로 가정 학습과 독서 습관이 몸에 배지 않아 서서히 저학력이 된다. 프랑스의 경우 하루 3시간 이상 텔레비전을 보는 아이는 고작 8%에 불과하다. 30분 이내가 33%, 1시간까지가 37%다. 이처럼 대부분의 프랑스 아이들은 텔레비전 중독과 거리가 멀다.

프랑스에는 일본이나 미국과 달리 의무교육에도 낙제 제도가 있다. 진급하려면 상당히 어려운 조건에 합격해야 한다. 그래서 어느 가정에서나 아이에게 공부하라는 잔소리를 한다. 텔레비전을 2시간 이상 보도록 놔두면 낙제가 틀림없다. 의무 교육을 마칠 때까지 한 번이라도 낙제한 아이가 전체의 3분의 1 정도 차지한다. 일본이라면 분명히 더 많았을 것이다.

프랑스의 부모들이 아이에게 텔레비전을 거의 못 보게 하는 것은 눈과 몸에 해롭고 지적 발달에 부정적이라는 점 외에도 가정 학습 시간이 없어진다는 점을 큰 이유로 꼽고 있다. 아이들을 밤 8시까지 반드시 잠자리에 들게 하는 것은 프랑스의 사회 통념이며 불문율이다. 프랑스의 보통 가정에서는 일본의 가정처럼 아이를 아무렇지 않게 밤 9시나 10시까지 재우지 않는 일은 절대 일어나지 않는다.

텔레비전 시청 시간만큼 초등학교 저학년 때부터 책과 친해지도록 유도하는 게 필요하다. 아이들이 성장할수록 운동, 이성, 영화 등 독서 외에 흥미를 끄는 것들이 많이 생겨나기 때문이다. 어릴 때 텔레비전에 빠지게 내버려 두면 평생 독서 습관을 가질 수 없다.

아홉째, 창조성이 고갈된다. 언제나 수동적인 문화만 접하면 생각의 깊이를 더할 수 없다. 사물이나 현상을 생각한다는 의미는 말을 사용해서 생각하는 것이다. 말로 생각하려면 문자나 문장을 읽지 않으면 안 된다. 영상, 혹은 시청각으로는 느끼는 것은 많아도 생각은 할 수 없다.

게다가 텔레비전을 통해 얻은 지식은 단편적이고 체계성이 부족하다. 어떤 의미에서 자질구레한 일과 현상적인 사실에 치중해 있어 가벼운 지식의 영역에서 벗어나지 못한다. 텔레비전은 생각 없이도 충분히 재미있게 볼 수 있기 때문에 마치 엘리베이터만 계속 타면 다리가 약해지는 것처럼 사고력이 후퇴된다. 창조성이 생길 리 없다.

실제로 한 대기업의 간부는 텔레비전의 해악에 대해 강력히 얘기한다. 일본에서 가장 유명한 가전 대기업에서는 20년 전부터 과장 이상의 직원에게 자사, 타사를 불문하고 '텔레비전은 사지 마라', '시청하지 마라'라고 강력한 지침을 내린다. 텔레비전을 보면 창조성을 잃게 된다는 것이 이유였다. 또 신닛테쓰(新日鐵)의 사장, 회장을 맡았던 고(故) 다케다 유카타(武田豊)는 "지금 비즈니스맨에게 필요한 것은 기획력과 실행력이다. 기획력은 단순한 번득임이 아니라 창조력과 사고력이 뒷받침되어야 한다. 텔레비전에 빠져 있으면 사회에 공헌할 수 있는 기획력이 생기지 않는다"고 강력히 주장했다. 텔레비전의 음극선은 인간의 창조적인 사고력·기획력의 중추인 전두

엽, 즉 이마 부분을 직격한다. 머리가 둔해지는 것은 당연하다.

열째, 아이의 심신 발달을 위해 꼭 필요한 시간을 송두리째 빼앗아간다. 텔레비전에 2~3시간 빠져 있는 대신 밖에서 친구들과 여유 있게 놀면 체력도 사회성도 발달한다. 여러 가지 일을 할 수 있다. 집안일도 도울 수 있다. 다양한 것들을 만들 수 있고, 책도 읽을 수 있다. 형제들과 놀며 형제애도 높인다. 부모와도 내화할 수 있다. 공부도 할 수 있다. 절대 학습부진아가 되지 않는다.

아이가 올바로 성장하기 위해서는 사람과 시간이 필요하다. 그 사람을 텔레비전이 빼앗고, 그 시간을 텔레비전과 게임이 훔쳐가버린다.

설탕의
과잉 섭취

🎓 인내심 없는 아이의 원인

아이에게 제대로 된 학력을 키워주고 싶고, 좀 더 성적이 나아지기를 바란다고 해도 아이가 자발적으로 공부하지 않으면 큰 발전을 기대할 수 없다. 특히 학습부진이나 공부에 대한 의욕을 상실해 학력이 저조한 아이는 효과적이면서도 정확한 도움을 주지 않는 한 절대 아이 스스로 공부할 수 없다.

또, 이해력이 뛰어나 공부를 잘할 수 있는데 성적이 신통치 않은 아이도 있다. 부모가 기대를 갖고 더 공부를 시킬수록 성적이 떨어지는 아이도 있다. 그런 아이들은 수업 시간에 일부러 게으름을 피우는 것이 아니다. 의식적으로 공부를 포기하는 것도 아니다. 아이도 '하고 싶다', '잘하고 싶다'는 의지로 책상 앞에 앉아 있다. 하지만 몸이 말을 듣지 않는다. 금방 졸음이 온다. 한동안 교과서를 읽고 글자를 쓰고 계산 연습을 하지만 이내 자세가 흐트러진다. 그 모습을 보고 부모는 "요즘 애들은 끈기가 없다", "시간만 질질 끌고 집중력이 없다", "노는 것도 아니고 공부하는 것도 아니고 도대체 구분이 없다"며 혀를 찬다.

학교 좌담회에서도 아이의 공부 태도가 영 미덥지 않다는 이야기가 많다. 일을 시켜도 얼른 하지 않고 공부하라고 해도 뭉그적대서 옆에서 보면 화가 난다는 이야기를 자주 한다. 주말에도 집 안에서만 뒹굴고 무엇 하나 제대로 하지 않는다고 불평한다. 아이에게 뭔가 일을 부탁하면 힘들다며 싫어한다. 금방 지쳐서 그만하고 싶어한다. 왠지 허약하다는 느낌이다. 어떤 일이나 상황에 집중하는 기력이나 체력이 옛날 아이들만큼 좋지 않다는 생각이 든다.

왜 그렇게 된 것일까. 가장 유력한 요인으로 설탕의 과잉 섭취를 들 수 있다.

🎓 설탕 섭취량 세계 1위, 일본 아이들

　　　　일본 아이들의 연간 1인당 설탕 소비량은 미국이나 독일을 훨씬 웃돈다. 이들 나라의 아이들도 설탕을 먹지만 연간 10~13kg 정도다. 그런데 일본은 50kg이 넘을 만큼 설탕을 많이 섭취한다. 체중보다 많은 양을 먹는 것이다. 이 정도면 먹는다기보다는 설탕에 절여진다고 하는 편이 정확할 것이다. 하루 양으로 환산하면 140g이다.

　주스, 케이크, 캐러멜, 초콜릿 등에는 개당 50g 정도의 설탕이 들어 있다. 아이스크림, 추잉검, 얼음과자, 단팥죽 등 아이들이 좋아하는 단것에는 하나같이 설탕 함유량이 엄청나게 높다. 이렇게 설탕을 많이 먹으니 부작용이 일어날 수밖에 없는 것이다.

　먼저, 모두가 알고 있는 충치다. 충치는 씹는 힘을 약하게 해서 위에 부담을 준다. 태평양전쟁 후 한동안 설탕은 귀중품이었다. 평소에 쉽게 먹을 수 없었다. 패전 직후 10년 정도는 설탕이 크게 부족해서 단것은 거의 먹지 못했다. 그 무렵 충치를 앓는 아이는 40%가 채 되지 않았다. 오늘날 유럽 선진국 아이들의 충치 보유율 수준이다. 그러나 지금은 충치를 앓는 아이가 90% 이상으로 세계에서 가장 많다.

예전에 담임을 맡았던 학급에 충치를 16개나 갖고 있는 여학생이 있었다. 얼굴은 귀여웠지만 입을 벌리면 까맣게 썩은 이가 한눈에 들어온다. 그 충치의 여왕님을 필두로, 한 여학생만 빼고 반 아이들 모두 충치가 있었다. 충치가 전혀 없는 여학생은 어릴 적부터 신장이 안 좋아서 부모가 엄격하게 식사 제한을 시켜온 덕분에 단것은 거의 먹을 수 없어서였다.

🎓 설탕의 무서움 1
─ 의욕과 끈기, 칼슘을 빼앗는다

요즘에는 아이들의 동물성 단백질 섭취가 잘 이루어지고 있다. 학교 급식에서 매일 우유가 나오고 메뉴에도 꼭 단백질 반찬이 포함된다. 가정에서도 달걀, 생선, 고기를 비롯해 다양한 단백질 음식을 먹는다. 소시지, 햄버그, 치즈, 햄 등 매일 한 가지 이상 먹는다. 단백질 섭취량은 성장을 위해 필요한 양만큼 충분히 먹고 있다. 뼈 성분의 절반은 단백질로 요즘 아이들은 뼈의 성장이 잘 이루어져 키도 크다.

172cm인 나는 전후에는 꽤 큰 키에 속했다. 그런데 매일 아침 만원 지하철에서 눈대중을 해보면 주위 고등학생이나 청

년들이 나보다 훨씬 키가 크다. 180cm인 청년은 얼마든지 찾아볼 수 있다. 이런 현상은 해가 갈수록 더해 내가 근무했던 초등학교 6학년 중에는 175cm나 되는 아이도 있었다.

그러나 키가 이렇게 커졌어도 설탕의 과잉 섭취 때문인지 뼈는 아주 약해졌다. 요즘 아이들의 뼈는 작은 충격에도 쉽게 골절된다. 한 아이는 계단에서 세 단 정도 굴렀는데 팔이 부러졌다. 또 한 아이는 수평 사다리에서 손이 미끄러져 아래로 떨어지면서 손으로 지면을 짚어 복잡골절을 입었다. 운동장에서 뛰놀다가 친구의 반소매 셔츠에 걸려 손가락이 부러진 아이도 있었고 매트에 걸려 고꾸라지면서 갈비뼈가 부러진 아이도 있었다.

예전에는 아이가 학교에서 골절 당하는 것은 큰 사건이었다. 담임선생님은 얼굴이 창백해지고, 교장선생님도 병원으로 병문안을 갔다. 요즘에는 골절로 입원한 아이를 병문안 가는 교장선생님은 거의 없다. 그만큼 골절은 일상적인 일이 되어버렸다. 이렇게 어이없게 뼈가 부러진다는 것은 무서운 일이다. 몸의 기본이라 할 수 있는 부분이 맥없이 당한다는 얘기다.

설탕은 소화, 흡수되고 다시 분해되는 과정에서 체액과 혈액을 산성화한다. 중증 결핵 환자와 암 환자의 체액은 건강한 사람처럼 약알칼리성이 아니다. 설탕의 과잉 섭취는 체액을 산성화한다. 산성으로 기운 체액을 건강한 알칼리성 체액으로 되돌리기 위해 몸은 자연회복력을 발휘하여 체내 칼슘을 빼앗아 중화시키려고 한다. 결국 뼈나 치아에 축적된 칼슘이 없어지는 것이다. 이렇게 해서 설탕의 과잉 섭취로 뼈와 치아가 약해진다. 화장장에서 오랫동안 근무한 직원말에 따르면 옛날에 비해 요즘 사람들은 뼈가 쉽게 부서지는데, 나무젓가락으로 뼈를 집으면 흐슬부슬 부서져버린다고 한다.

칼슘은 잔생선과 해조류에 많이 포함되어 있다. 하지만 아이들은 그런 식품을 좋아하지 않는다. 환영받지 못하는 식품이다. 부모가 의도적으로 먹이지 않는 한 아이 스스로 먹으려고 하지 않는다. 게다가 일본은 화산국이기 때문에 칼슘이 많지 않은 산성 토양이 대부분이다. 그래서 채소에 칼슘이 거의 들어 있지 않아 만성적인 칼슘 결핍이 될 가능성도 매우 높다.

칼슘은 뼈를 튼튼하게 하는 기능 외에도 정신을 진정시키는 작용을 한다. 신경과민과 초조함을 일으키고 사람을 신경질적으로 만드는 것도 칼슘 결핍이 원인이다. 또, 칼슘이 부족하면 신경쇠약을 일으키고 변비에 걸리기도 쉽다.

혈액 중 산성도가 증가하면 나타나는 자각 증상도 여러 가지이다. 몸이 나른해지고 어깨가 결리며 쉽게 졸음이 온다. 일을 하는 것이 귀찮아서 방에서 뒹굴거리는 일이 잦다. 일을 마칠 때까지 집중해서 지속적으로 해내려는 기력과 의욕도 상실한다.

🎓 설탕의 무서움 2
— 활력과 시력, 비타민 B₁을 빼앗는다

설탕의 과잉 섭취로 일어나는 폐해는 또 있다. 설탕이 소화, 흡수되는 과정에서 대량의 비타민 B_1이 소비된다. 비타민 B_1은 각기병 예방뿐 아니라 전신의 활력과 시력을 유지하고 향상시키는 기능을 한다. 그래서 설탕을 섭취하면 비타민 B_1이 많이 소비되어 피곤하고 몸이 나른해서 만사가 귀찮아지는 무기력 상태에 빠진다.

또한 가성근시가 되기 쉽다. 최근 수년 동안 근시인 아이가 급격히 늘고 있는 것도 설탕의 과잉 섭취로 비타민 B_1이 대량으로 소비됨으로써 시력을 유지하고 강화하는 기능이 크게 약해지는 것과 관계가 있다.

더욱 중요한 문제는 체내로 과잉 흡수된, 당분이라는 탄수화물은 중성지방으로 전환해 동맥경화를 일으키는 콜레스테롤이 되어 혈관에 부착한다는 사실이다. 가나자와(金沢) 대학의 무라카미(村上) 교수는 토끼의 먹이인 비지에 매일 50g의 설탕을 넣어 주었다. 그러자 25주째 토끼에게 동맥경화 증상이 나타났다고 보고했다. 당분의 과잉 섭취는 혈관의 노화를 촉진해 심근경색이 중요한 요인이 된다.

게이오(慶応) 대학의 고도 유이치로(五島雄一郎) 교수는 백설탕의 하루 섭취 허용량은 50g까지라고 지적한다. 니시식(西式) 건강법(자연치유력을 강화해 난치병을 치료하는 건강법—옮긴이)의 창시자인 니시 가쓰조(西勝造)는 좀 더 엄격한 기준을 주장한다. 체중 1Kg당 성인은 하루 0.5g, 어린이는 0.3g으로 되어 있다. 평균 체중의 성인은 하루 30g, 어린이는 10g인 셈이다. 각설탕 2개 분량이다. 이보다 많은 설탕을 섭취하면 애써 축적해놓은 칼슘이 손실되고 혈액은 산성화되어 감기를 비롯해 다양한 질병에 걸리기 쉽다고 한다.

설탕의 과잉 섭취는 몸 전체의 건강을 해치고 기력을 빼앗아 매사에 의욕이 없고 지구력도 끈기도 모두 없어진다. 이런 상태에서는 공부를 논할 때가 아니다. 몸 자체가 엉망이니 아무리 야단쳐도 또, 스스로 의지가 있어도 전력투구할 수 없다.

이렇듯 설탕의 과잉 섭취는 아이의 건강을 해치는 원흉이다. 저학력을 없애려면 먼저 설탕의 과잉 섭취부터 근본적으로 개선해야 한다.

보이지 않는 학력의 중요성

　　보이지 않는 학력은 가정의 문화적 기반과 선행 체험의 곱으로 나타난다. '부모의 문화적 수준×아이 경험의 질'이라고 해도 좋을 것이다. 보이지 않는 학력이 부족한 아이는 취학 때부터 이미 모든 면에서 현저하게 뒤처지는 것을 볼 수 있다.

　가정에서의 부족한 대화, 텔레비전에만 매달려 사람의 말소리를 듣지 않은 유아기 생활, 충실한 놀이 경험도 없고 가정에서의 지도도 제대로 이루어지지 않은 아이의 학력은 하루아침에 향상되지 않는다.

아이의 학력을 향상시키기 위해서는 교사 지도의 질, 교사가 권하는 독서, 친구들과의 다채로운 놀이를 위한 배려, 그리고 무엇이든지 끝까지 해내도록 하는 지도가 반드시 필요하다. 이러한 교사 주도에 의한 보이지 않는 학력의 함양이 일상적으로 이루어져야 한다. 더불어 아이의 양육에 관한 다양한 조치를 교사가 부모에게 직접 요청하는 것도 병행해야 한다.

보이지 않는 학력의 조성

보이지 않는 학력은 아이의 지적 발달에 어떤 작용을 할까? 지적 능력의 핵심은 언어 능력이다. 보이지 않는 학력의 중요한 측면인 언어 능력은 가정의 언어 수준과 자기 교육운동인 독서에 의해 구축된다.

유소년기는 주로 부모의 말투, 소년 소녀기 이후는 독서에 의해 언어 능력의 발달 수준이 결정된다. 취학 전 아이들은 외형면·행동면의 발달을 알 수 있지만, 취학 후는 무엇이 발달하고 있는지 알기 어렵다. 취학 후 현저히 발달하는 것은 인식 부분이다. 그렇게 해서 언어 능력은 쑥쑥 향상된다.

어릴 때부터 좋은 언어적 문화에 충분히 노출된 아이는 논리적 · 추상적 · 개념적 사고가 뛰어나다. 적절한 언어 환경에서 어느 정도의 언어 능력을 갖춘 아이는 취학 후 수업을 통한 지적 발달과 도서실 이용 등을 통해 많은 독서량으로 지적 능력이 급격히 높아진다. 그 과정에서 추상 수준의 개념을 조작하는 논리적 사고력도 차츰 발달한다. 그러면 학습에서 이해하지 못하는 교재가 거의 없다. 흔히 말하는 머리 좋은 아이는 성적 좋은 아이가 된다.

보이지 않는 학력의 다른 측면은 비언어적 문화, 즉 행동적 문화에 의해 형성된다. 놀이와 지도에 의해 저절로 습득되는 학력이다. 준비적 · 선행적 체험이 많은 아이일수록 새로운 학력을 획득할 때 효율적으로 이해할 수 있다.

어릴 적부터 부모의 부탁으로 자주 심부름을 하거나 친척 집에 놀러가고, 가족과 멀리 여행을 한 아이는 공간 감각, 지리적 감각이 상대적으로 발달한다. 탈것에 흥미를 가지면서 교통에 대한 다양한 지식을 얻고, 인구 · 지형 · 산업 같은 사회 과목의 기본적인 지식에 통달한다.

마당 청소와 풀 뽑기 등의 일을 맡아서 했거나 풀숲에서 뛰놀고 나무 오르기를 자주 한 아이는 계절에 따라 동식물이 어떻게 변하는지 부분적이기는 해도 어른이 놀랄 만큼 잘 알고 있다. 개중에는 개구리 박사, 잡초 학자라는 이름을 붙여줘도 좋을 만큼 어떤 대상에 관심을 갖고 있는 아이도 있다. 어린 생물연구자라고 해도 될 것이다. 자연은 어린 과학자에게 보이지 않는 학력의 축적을 보장해주는 멋진 공간이다.

놀이와 지도로 대표되는 행동적 문화를 충분히 누린 아이는 직관적 · 구체적 · 실제적인 사고가 뛰어나다. 살아 있는 지혜가 풍부한 아이가 된다.

또 보이지 않는 학력은 주로 어른으로부터 주어진 타율적 문화와 아이 자신이 선택하면서 받아들이는 자율적 문화로 구성된다.

가정에서의 말투와 지도는 그 중 타율적 문화에 속한다. 아이가 철이 들까 말까 하는 어릴 적부터 좋든 싫든 위로부터, 외부로부터, 부모로부터 주어지는 문화다. 질 높은 언어와 리듬과 질서가 있고, 일정한 엄격함을 갖춘 가정 지도로 보이지 않는 학력의 타율적인 면을 몸으로 경험한 아이는 학교라는 이질적인 환경에도 어렵지 않게 적응한다. 교사의 말도 잘 이해하고, 지시에도 즉각 따를 수 있다. 타율적 문화는 아이에게 적응적 · 정상적 · 재생적 사고, 즉 태도를 키우는 데 꼭 필요한 실효성 있는 문화다.

보이지 않는 학력과 사고 기능

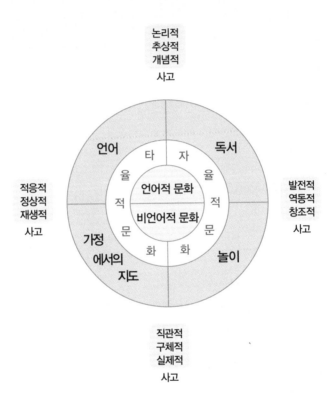

반면, 독서와 놀이는 자율적 문화다. 처음에야 부모가 책을 읽어주고 가까운 공원에 데리고 나가 놀아주지만 차츰 책 읽기에 익숙해지고 친구와 가까워지면 아이는 자신의 취향에 따라 책과 친구를 선택한다. 아이 마음에서 우러난 요구에 맞는 능동성이 발휘되는 문화다. 독서와 놀이라는 자율적 문화를 충분히 누리며 자란 아이는 언어 활용에 유창하고 유연성이 풍부한 발전적·역동적·창조적인 발상과 사고에 뛰어나다.

학원에 안 다녀도 길러지는
보이지 않는 학력의 비밀

보이지 않는 학력이 풍부한 아이는 대개 문화적 수준이 높은 가정에서 자란 경우가 많지만 그렇지 않은 가정도 충실한 실력을 갖춘 아이가 있다. 내가 지금까지 담임을 맡았던 2천 명이 넘는 아이들 중에도 그런 실례가 적지 않았다. 특히 기억에 남는 예를 소개해본다.

그 아이는 내가 맡았던 2학년 반의 남자아이였다. 영리하고 성실한 데다 예의도 바르고 늘 침착해서 남에게 피해 주는 일은 절대 하지 않는 아이다. 책 읽기를 좋아하고 글씨도 반듯하게 쓰며 시험에서는 으레 100점을 받았다.

아버지와 어머니는 흔히 말하는 교양 있는 계층이 아니었다. 학력(學歷)은 평균보다 약간 아래이고, 경제적으로나 시간적으로 여유가 없이 시장에서 조그만 정육점을 운영했다. 그런데 아들은 늘 최고 성적을 받았다. 어떻게 그렇게 공부를 잘하는지 주위 사람들도 모두 신기하게 생각했다. 아이의 남동생 역시 공부를 잘했다. 학원에도 안 다니고 부모가 가르쳐주는 것도 아닌데 둘 다 잘 했다.

큰 아이의 담임을 맡았을 때 아이의 공부 잘하는 비밀을 부모로부터 들을 수 있었다. 시장은 낮 12시 전후와 오후 3시부터 6시까지 손님들로 북적인다. 낮 2시쯤이면 시장도 가게도 한산하다. 초등학교에 입학한 아들이 급식을 마치고 집에 돌아오는 시간은 대략 1시 반에서 2시.

부모는 아들이 공부에 취미를 잃으면 안 되니까 적어도 매일 집에서 공부하는 습관만이라도 들여야겠다고 생각했다. 그래서 1학년 초부터 집에 오면 바로 부엌에 있는 밥상 앞에 앉혀 그날 배운 공부를 복습하게 했다. 어머니는 그 사이에 저녁식사 준비를 한다. 일일이 아이 옆에서 공부를 봐줄 수는 없었다. 가끔 아들을 보고 "글씨를 예쁘게 잘 쓰는구나", "우리 아들, 참 잘한다"라는 칭찬이 고작이다. 복습과 숙제를 마치면

밖에 나가 놀게 했다. 여름방학이 끝날 때까지 그렇게 하자 아이는 읽기, 쓰기도 잘하고 계산도 정확히 할 수 있게 되었다. 물론 선생님의 칭찬이 뒤따르는 건 당연한 일이었다.

그렇게 하니까 가만히 내버려두어도 스스로 복습과 숙제를 하게 되었다. 초등학교 1학년 때부터 매일 20분~1시간 정도 공부하고, 그것이 습관이 되자 이제 확실한 실력을 갖춘 아이가 된 것이다.

그 이야기를 듣고 난 몇 해 후에 아이가 국립 대학 합격률이 가장 높다는 유명한 사립 중학교에 진학했다는 소식을 들었다. 그래서 오랜만에 아이의 부모를 만나 이런저런 이야기를 나누었다. 이전에도 그랬지만 이 아이의 부모님 말을 듣다 보면 하나같이 수긍이 갔다. 특히 부모의 마음 씀씀이가 아이들의 보이지 않는 학력을 키우는 데 얼마나 큰 역할을 했는지 알 수 있었다.

산골 농가의 셋째 아들로 태어난 아이 아버지는 시골에 고등학교가 새로 생긴 덕분에 고등학교까지 진학했다. 그러나 농촌에는 이렇다 할 취직자리가 없어서 어쩔 수 없이 자위대에 입대했다. 그런데 적성에 맞지 않아 제대 후 정육점을 운영하는 형의 가게 일을 돕게 되었다. 그래서 결혼도 꽤 늦은 나이에 했다. 하지만 정신적으로는 아이를 양육하기에 충분할 만큼 성숙했고 아들이 태어났을 때 진심으로 기뻐했다.

"아기 우는 소리가 시끄럽다고 생각한 적은 한 번도 없어요. 기저귀는 제가 다 갈아주었습니다. 목욕도 항상 제가 데리고 했죠. 값비싼 장난감을 사줄 형편이 안 되어 그림책을 한 권 사가지고 와서 읽어주었습니다. 매일 밤, 잠자리에서 읽어주었는데 밤이 되면 아이가 먼저 읽어달라고 졸랐죠. 그러다 보니 책의 내용을 아이가 완전히 외워버렸어요. 지금은 우리 부부 둘이 일해 겨우 먹고살 정도의 수입밖에 안 됩니다. 하지만 공부를 시키는 것이 아이를 낳은 부모의 책임이고 의무라고 생각해요. 공부하는 힘이 생기면 아이의 평생 재산이 되겠죠. 우리는 부모로서 자식에게 그것밖에 해줄 게 없어요. 남겨줄 재산이라곤 하나도 없으니까요. 모아 놓은 돈도 없고요. 우리는 조금 여유가 생기면 전부 아이의 책 사는 데 썼습니다. 나이 들어 얻은 자식이니 너무 귀엽죠. 우리 부부는 아이 얼굴을 볼 때마다 말을 걸었습니다."

어머니의 이야기는 이랬다.

"저는 고등학교에 못 갔어요. 중학교를 졸업하고 재봉 일을 배웠지요. 남편과는 맞선으로 만났는데 남편의 수입이 제 수

입보다 적어서 깜짝 놀랐어요. 남편은 술과 담배를 전혀 안 해요. 돈이 생기면 전부 아이 책값으로 쓰고요. 저축은 꿈도 못 꿔도 전혀 아까워하지 않았어요. 아이를 정말 예뻐했어요. 늘 책을 읽어주었죠. 그때 읽었던 책들이 집에 아직 남아 있어요. 아마 2천 권쯤 될 거예요. 저는 아들을 데리고 근처 공원에 자주 놀러갔어요. 모래 놀이, 물놀이를 시켰는데 아마 그런 놀이로 튼튼해진 것 같아요. 평소에는 아이와 수다도 자주 떨고요.

초등학교 입학하고부터는 매일 20분 정도 꼭 복습을 시켰어요. 사실 제가 공부를 많이 하지 못해 글씨가 엉망이거든요. 그래서 우리 아이는 반듯하게 잘 썼으면 좋겠다는 생각에 매일 책에 나와 있는 대로 반듯하게 따라 쓰게 했죠. 손님이 없는 한가한 시간에 계속 그렇게 하면 공부하는 습관이 들 수 있으니까요. 아이가 잘 썼으면 '예쁘게 잘 썼구나' 하고 칭찬해 주고 바로 나가 놀게 했죠. 그래서인지 초등학교 1학년 말에는 저보다 글씨를 더 잘 쓰게 되었죠. 부모가 잔소리하지 않아도 제 스스로 공부하게 된 것은 1학년 때 들인 습관 덕분인 것 같아요. 제 입으로 말하기 뭐하지만, 그 어렵다는 사립 중학교에 들어간 것도 본인이 원해서예요.

아이가 초등학교 3학년 때부터 저는 저녁 준비를 위해 쌀 씻기며 밥 짓기를 거의 맡겼어요. 빨래도 곧잘 해요. 지금도 그렇고요. 저녁 식사 후 뒷정리는 작은 애랑 둘이서 해요. 시험 전날에도 맡은 일은 빠뜨리지 않아요. 아이들이 그렇게 도와주지 않으면 아이 아빠랑 제가 마음 놓고 장사를 못하거든요. 요전에도 시장 친목회에서 여자들끼리 여행을 갔는데 아빠 식사며 집안일을 두 아들이 다 챙겨줬어요. 중학교에 진학했으니 하루에 3시간은 집에서 공부를 해야 하는데, 가엾지만 아무튼 제 할 일은 알아서 다 해줘요. 그런데 어릴 때부터 이런 집안일을 사내아이라고 봐주지 않고 시킨 것이 시간을 낭비하지 않고 제대로 공부할 수 있는 힘을 키워준 것 같아요."

보이지 않는 학력은 단기간에 키워지지 않는다. 적어도 반 년에서 1년, 혹은 더 오랜 시간에 걸쳐 느긋하게 키워 나가야 한다. 그 바탕에는 자녀에 대한 한없는 애정과 신뢰가 있어야 한다. 거기에 부모의 인내심도 필요하다. 벼락치기로 얻어지는 특효약은 없다. 경제적으로 가난한 가정의 아이, 문화나 교양의 혜택을 누리지 못하는 아이도 보이지 않는 학력과 보이는 학력 모두 충분히 키울 수 있다.

이 아이는 일본에서 가장 유명한 대학의 법학부를 졸업하고 지금은 금융기관에서 일하고 있다. 동생은 관서지역에서 가장 들어가기 어렵다는 대학의 공학부에 진학했다. 그리고 부모님은 여전히 시장에서 조그만 정육점을 운영하고 있다.

2장

초등
공부력의
기본

/

보이는 학력

공부는 고통이 아니다.
자신의 학력과 능력이 향상되는 것은 아이에게도 즐거운 일이다.
그런데도 고행이나 괴로움으로 느껴지는 것은
공부 방식에 치명적인 결함이 있기 때문이다.

보이는 학력의
전제 조건, 읽기 능력

공부 잘하는 아이와
못 하는 아이의 결정 조건

    초등학생도 고학년이 되면 특정 분야에서 어른을 능가할 정도로 지식이 풍부한 아이가 있다. 40명 안팎의 학급에 중학교 2학년 정도의 지식은 거뜬히 소화하는 아이가 꼭 한두 명은 있다. 그것과는 대조적으로 한두 명은 초등학교 2학년 수준의 초라한 학력을 갖고 있다. 한 학년 아래 수준의 학력인 가성(假性) 저학력아는 학급의 3분의 1이나 된다.

    고학력 아이와 저학력 아이를 명확히 구분하는 것은 무엇일까. 공부를 잘하는 아이와 못하는 아이의 분수령이 되는 것은 무엇일까.

고학력 아이는 예외 없이 책 읽기를 좋아한다. 책에 너무 빠져 종종 부모로부터 주의도 받는다. "그러다 눈 나빠져!", "누워서 읽으면 안 돼", "그러지 말고 밖에 나가 놀다 오렴", "이제 책 더 안 사줄 거야", "지금 대체 몇 시인 줄 아니? 벌써 11시야", "또 책 읽는 거니? 몸 약해진다니까", "어른이 보는 책은 읽으면 안 돼" 하고 자주 혼난다. 그래도 책 읽기를 멈추지 않는다. 독서 중독증이라고 할 정도로 책벌레가 된다. 사실 어떤 아이든 그런 시기가 올 가능성이 있다.

책 읽기를 좋아하는 아이도 초등학교 6년 내내 책에만 매달려 있는 것은 아니다. 저학년 시기, 아직 친구가 많지 않을 때 책에 빠진 아이도 있다. 또, 중학년이 되어 선생님이 권하거나 읽어주는 책의 매력에 완전히 빠져 그 후 책의 노예가 되어버린 아이도 있다.

고학년이 될 때까지는 친구들과의 바깥놀이가 재미있어서 매일 흙투성이가 되어 들어왔던 아이가 어느 날 갑자기 예쁜 소녀에게 마음이 빼앗겨 내면의 세계를 그린 문학에 이끌리는 경우도 있다.

어쨌든 고학력인 아이는 책 읽기를 좋아한다. 새로운 지식, 미지의 세계를 탐구하는 것이 놀이처럼 즐거운 것이다. 지적 탐구가 더없이 즐거운 스포츠인 양 빠져든다. 아직 머릿속으로만 하는 생각이지만 운명을 그대로 받아들이는 운명의 종이 아니라 운명을 바꾸고 개척해 운명의 주인공이 되겠다는 마음이 독서를 통해 싹튼다. 세계와 우주의 광활함을 터득해가는 아이는 하찮은 일이나 추한 것에 관심을 보이지 않는다. 진리, 진실을 향한 지적 관심이 높아지기 시작한다. 또, 여러 일과 현상에 의해 호기심이 환기되어 다채로운 독서 활동을 펼친다. 점점 지적 능력이 더 높아지면 고독에 견디는 힘도 갖추게 된다.

한편, 저학력 아이는 활자를 기피하고 책을 싫어하는 아이가 압도적이다. 책을 읽으라고 하면 책 읽기야말로 가장 큰 고통이라며 입을 모아 호소한다. 그리고 한시도 가만있지 못하고 이리저리 돌아다니고 싶어한다. 이러한 아이에게는 불편한 의자에 앉아 있는 것이 참을 수 없을 만큼 고통스러운 것이다.

그런 아이들에게 무의미하고 따분한 활자의 나열을 눈으로 좇는 것은 한심한 짓이다. 그야말로 멍청하게 시간을 때우는 것밖에 되지 않는다. 하품을 해대며 금방 옆자리 아이에게 장난을 친다. 순식간에 소란스러워진다. 교실이었다면 선생님으로부터 즉시 벌을 받게 된다. 그래도 의자에 앉아서 참기보다는 벌을 서는 것이 더 편하다. 영웅이라도 된 기분으로 서 있으면 되니까 말이다. 책읽기라는 고문으로부터 한동안 해방될 수 있다.

벌을 서면서도 '다른 녀석들은 어째서 조용히 책을 읽는 거지? 지겹지 않나? 선생님이 화내니까 어쩔 수 없이 저러는 거야. 한심한 녀석들. 그건 그렇고, 오늘 학교 끝나면 뭐하고 놀까? 그래! 자전거 타고 멀리까지 가봐야지. 누구랑 갈까. 아냐! 녀석들, 오늘 학원 가는 날일 거야' 하고 엉뚱한 생각만 한다.

새로운 학력을 습득하기 위해서는 새로운 교재에 제시된 문장이나 문제를 읽지 않으면 안 된다. 선생님이 모든 것을 하나에서 열까지 읽어줄 수는 없다. 수학 문제만 해도 항상 친절하게 하나하나 해설해줄 수 없다. 하물며 시험을 볼 때는 온전히 모든 것을 혼자 해결해야 한다.

그러므로, 새로운 학력, 높은 학력을 획득하려면 반드시 읽는 힘이 전제 조건이 된다. 읽기 능력 없이 새로운 것을 배울 수는 없다. 즉, 문장을 정확히 읽어내는 힘이 있으면 지도나 조언이 부족해도 혼자서 새로운 학력, 높은 수준의 학력을 획득할 수 있다.

🎓 활자 문화 중심의 학교 교육

저학력 아이의 경우 바깥 세상에 관한 지식과 정보는 귀동냥에 의지하거나 자기가 체험한 범위로 제한된다. 그러다 보니 편협해질 수 밖에 없다. 단, 습득한 지식과 정보는 실천과 행동을 통해 체득한 것인 만큼 확실하게 자기 것이 된다. 체계적인 면에서는 부족해도 실제적이다. 생활하기 위한 지혜로써 살아가는 데 매우 유용하게 활용된다.

하지만 학교에서 시험으로 검증되는 학력은 그것과는 다른 범주에 속한 지식, 정보, 기술이다. 따라서 학력으로서는 평가되지 않는다. 특히 고등학교나 대학 입시에서는 안타깝게도 그들의 체험적 '학력'은 전혀 고려되지 않는다.

저학력으로 간주되는 아이는 일반적으로 풍부한 체험과 그에 맞는 지식, 정보를 많이 갖고 있다. 그들 대부분은 바깥 놀이에서 얻은 것이다. 하지만 그것들이 학교 교육의 장에서 활용되는 경우는 거의 없다.

그런 아이들이 학교 공부에 익숙해지지 못하는 큰 이유는 학교 수업이 언어 중심이며, 비일상적인 수준의 개념을 주로 다루기 때문이다. 또, 저학력 아이는 바깥 놀이 후 활자 문화와는 거리가 먼 텔레비전에 의존하는 생활을 한다. 이런 아이는 단순히 글자를 읽는 것이 아니라 문장 내용을 이미지로 상상하는 훈련이 거의 이루어지지 않는다. 또, 그로 인해 제대로 된 책을 읽지 못하는 악순환을 반복한다. 저학력 아이는 일상어에만 친숙하기 때문에 고학년이 되어 추상어, 개념어를 만나면 그 순간 사고 정지 상태가 되어버린다. 아이의 몸은 날로 커지고 활력이 넘친다. 근육도 비약적으로 발달해 몸 자체가 움직이는 것을 요구한다. 가만 있지 못한다. 당연히 몸이 책을 읽는 정지 상태를 허락하지 않고 뛰어다니는 것이 생리적인 욕구가 되는 것이다. 그러므로 이 시기에 독서 습관을 들이는 것은 매우 어려운 일이다.

🎓 공부 의욕을 잃지 않기 위해
— 문장어에 친숙해지기

아이를 독서라는 활자 문화와 친숙하게 만들어주는 시기는 구두어(일상적인 대화에서 쓰는 말—옮긴이)를 생각대로 구사할 수 있을 때가 가장 바람직하다. 부모가 책을 읽어주면 그것이 문장어이기는 해도 소리로 표현되기 때문에 구두어처럼 느껴진다.

이해하기 어려운 부분은 부모가 해설해주거나 표정과 몸짓으로 알려준다. 그러면 아이는 책에 씌어 있는 내용과 정경을 충분히 이미지화하여 받아들이고 그 장면을 상상할 수 있다. 그렇게 해서 문장어를 이해하기 시작한다. 문장어 특유의 문체와 표현에도 익숙해지면서 차츰 글자도 익히게 된다. 이럴 때 아이가 부모에게 물어보면 기꺼이 가르쳐 주어야 한다.

이 무렵부터 학교에서의 공부는 문장어를 중심으로 이루어진다. 교과서는 일반 단행본에 비하면 훨씬 쉽다. 글밥도 적고 문장 구조도 단순하다. 활자도 커서 보기 쉽고 장문으로 된 교재는 거의 없다.

이미 독서 습관을 갖추고 있는 아이라면 쉽게 읽을 수 있는 문장이다. 처음 본 문장이라도 거의 막힘없이 음독이나 묵독을 할 수 있다. 반면에 글자를 익히는 것, 읽는 것에 상당히 부담을 느끼는 아이도 있다. 활자 문화에 접한 적이 없는 아이는 입학 후 얼마 지나지 않아 일종의 좌절감을 호되게 느낀다. 그리고 공부할 의욕을 잃는다.

공교육에서 독서력을 키우고 책을 즐겨 읽게 만드는 것은 매우 중요하다. 자기교육운동의 구축이 되기 때문이다. 저학력에 빠지는 것을 막는 가장 효과적인 조치이기도 하다.

만일 부모에게 독서 습관이 없는 경우는 먼저 아이의 책을 가지고 천천히 읽어주는 것부터 시작하면 된다. 부모와 아이 모두 책과 가까워짐으로써 새롭게 독서의 기쁨을 깨달을 수 있을 것이다.

한동안 지속하면 아이보다 부모가 책 읽기를 더 좋아할지도 모른다. 매일 밤 한 시간 정도 같이 읽을 수 있다면 더할 나위 없이 좋고 시간에 쫓긴다면 10분 독서도 괜찮다. 부모와 같이 책을 읽거나 부모가 아이에게 책을 읽어주는 것 자체가 아이의 독서 의욕을 키워주기 때문이다. 가정 생활에서 짧은 시간이라도 지적인 분위기 속에서 책과 친해지는 시간을 보내는 것은 아이의 지적 발달에 도움이 될 뿐 아니라 가족 모두의 문화 수준을 높여준다.

읽기 능력을 2배로 키워주는 '소리 내어 읽기'

🎓 또박또박 읽기

저학력 아이에게 교과서를 읽히면 잘 읽지 못한다. 평소에는 귀가 떨어져라 큰 소리로 떠드는 아이가 모기만 한 소리가 되어버린다. 그것도 띄엄띄엄 읽는다. 씌어 있지 않은 글자를 아무렇지도 않게 읽기도 한다. 한 페이지를 2분이 걸려도 다 읽지 못하는 아이도 있다.

무엇이 씌어 있는지 구체적으로 물어봐도 대답하지 못한다. 읽는 중에는 소리 내어 읽는 말, 지금 읽고 있는 글자밖에 보이지 않기 때문이다. 그 다음 단어는 눈에 들어오지 않는다. 이것을 축어(逐語) 읽기(단어 하나하나를 그대로 따라가는 것—옮긴이)라고 하는데 다 읽고 나서 언제, 어디서, 누가, 무엇을 했는지 물어보면 제대로 대답하지 못한다. 다시 한 번 읽혀도 상황은 달라지지 않는다. 내용을 전혀 읽지 못하기 때문이다.

태평양전쟁 이전에 초등학교를 다녔던 사람은 국어 시간이라고 하면 일제히 교과서를 소리 내어 읽었던 기억을 갖고 있을 것이다. 당시에는 집에서도 교과서를 빼먹지 않고 읽는 연습을 했다. 가정에서 하는 공부라면 가장 먼저 하는 것이 교과서를 펴고 소리 내어 또박또박 읽는 연습이었다. 몇 번이고 반복해 읽었다. 해가 지면 이 집 저 집에서 교과서 읽는 아이의 또랑또랑한 목소리가 들렸다.

그런데 이제 해질 무렵 동네 어귀에서 들려오는 것은 텔레비전 소리뿐이다. 아이가 교과서를 읽는 소리는 거의 들을 수 없다. 이제 어느 학교든 음독은 거의 중시하지 않는 것일까. 아니면 아이에게 교과서를 소리내어 읽히는, 여유 있는 수업을 할 시간이 없는 걸까. 아니면 항상 "이 글의 단락은? 요점은? 주인공의 심정은, 주제는?" 하는 것들에만 시간을 빼앗겨 느긋이 소리 내어 읽힐 여유가 없는 것일까.

제대로 읽지도 못하는 아이를 상대로 글의 주제니 주인공의 심정이니 저자의 의도니 하는 것들을 묻고 대답하고 설명하는 것은 저학력 아이에게는 무리다. 반의 20% 정도의 아이가 활발하게 수준 높은 얘기를 하는 상황에서 저학력 아이는 멍하니 그 모습을 쳐다보고 있을 수밖에 없다. 그러므로 저학력 아이에게는 교과서를 또박또박 읽을 수 있는 힘을 키우는 것이 가장 우선이다.

🎓 공부 의욕과 자신감 상승 효과

교과서를 소리 내어 읽지 못하는 아이는 문장어에 친숙하지 않기 때문에 읽기를 꺼려 한다. 하물며 또박또박 읽으려고 하면 입술이 굳어버리고 혀가 꼬여 움직이지 않는다. 목이 마르고 식은땀이 줄줄 흐른다. 그러므로 갑자기 또박또박 읽어보라고 하는 것은 무리다. 새 자동차처럼 연습 운전을 해야 한다.

처음부터 갑자기 많이 읽히면 안 된다. 한 페이지라도 좋으니까 먼저 어른이 천천히 또박또박 읽어준다. 두 번 반복한다. 그리고 마침표에서 정확히 끊어 읽어야 한다. 그동안 아이에게는 교과서를 펴고 눈으로 문장을 읽게 한다.

다음에는 한 단어씩 읽은 후 아이에게 한 단어씩 따라 읽게 한다. 이 방법이라면 아무리 못 읽는 아이라도 제대로 읽을 수 있다. 두 번 연습을 시킨다. 내친 김에 쉼표까지 이어서 읽는다. 아이에게도 쉼표가 있는 곳까지 이어서 읽힌다. 이것도 두 번 반복한다. 이번에는 문장의 마침표까지 어른이 단번에 읽어간다. 아이도 마찬가지로 한 문장을 단번에 읽게 한다. 이것 역시 두 번 반복한다. 어른과 목소리를 맞춰서 같이 읽게 한다. 두 번 읽으면 아이도 익숙해진다.

이제 혼자서도 읽을 수 있다. 8번이나 읽었으니까 충분히 읽을 수 있다. "이번에는 혼자 읽어 봐" 하고 격려한다. 이제 아이는 조금 전과는 딴판으로 잘 읽을 수 있다. 다 읽으면 한껏 칭찬해준다. 물론 한두 곳은 틀리거나 실수할 수도 있다. 그러나 혼자 끝까지 또박또박 소리 내어 읽었다는 점이 훌륭하다. 실수를 일일이 트집 잡지 말고 한껏 칭찬해준다. 그러면 아이는 겸연쩍어하면서도 자신을 대견해 한다. 연습한 보람을 느끼며 자신감을 회복한다. 의욕의 원동력이 갖춰지는 것이다. 지금까지 서툴렀던 것은 그저 연습을 하지 않았기 때문이라는 사실을 깨닫고 이제부터 연습을 해야겠다는 생각을 하게 된다. 쇠는 뜨거울 때 쳐야 한다. 그래도 한동안은 도와주어야 한다. 외출 후 집에 돌아온 부모의 귀에 교과서를 읽는 자녀의 낭랑한 소리가 들려오는 날이 진짜 혼자 힘으로 공부할 수 있는 때다. 아마도 2~3개월은 걸릴 것이다.

교과서를 막힘없이 읽을 수 있는 아이 가운데 저학력 아이는 한 명도 없다. 읽기에 조금 자신을 갖기 시작했을 때를 노려서 완벽한 읽기를 연습시킨다. 마침표에서는 반드시 단락을 끊어서 읽게 하고 쉼표가 없는 곳에서는 쉬지 않게 한다. 대화 부분에서는 억양과 어투에도 신경 쓴다. 단락에서는 적절한 간격을 두어야 한다. 전체적으로 분명한 읽기여야 한다. 좀 더 욕심을 내서 풍부한 감성으로 듣는 이가 넋을 잃고 듣게 될 정도로 연습시켜야 한다.

틀리지 않고 완벽하게 음독하려면 상당 시간, 수없이 반복해 연습시켜야 이렇게 해서 한다. 드디어 그것을 해냈을 때, 아이는 확고한 자신감을 갖는다. 그리고 노력의 중요성을 체득한다. 이 단계가 되면 소리 내어 읽기는 더 이상 고통이 아니라 즐겁고 재미있는 과제가 된다.

학력 굳히기의 열쇠, 쓰기 능력

🎓 이해력과 기억력은 필수

학력을 획득하기 위해서는 읽기 능력이 전제되어야 하지만 읽는 것만으로는 학력을 온전히 자기 것으로 만들 수 없다. 새롭게 배운 지식을 완전히 익히려면 반드시 쓰기가 필요하다. 쓰지는 않고 읽기만으로 끝내는 아이는 다면적인 독서를 해도 성적이 그다지 좋지 않다. 여러 가지 지식은 있지만 학력은 2% 부족하다. 또, 박식한 만큼 학교 공부를 따분해 해서 학년이 올라갈수록 차츰 성적은 떨어진다.

책 읽기를 좋아하는 아이는 많은 시간 공부하지 않아도 초등학교 중학년까지는 중상이나 상위 성적을 유지한다. 그러나 쓰기 공부를 게을리 하면 차츰 성적이 떨어진다. 중학생이 되어도 쓰기 공부를 엉터리로 하는 아이는 아무리 독서력이 있어도 성적이 하위권이다.

쓰기 공부는 배운 것을 확실하게 학력으로 안착시키는 가장 효과적이고 중요한 수단이다. 쓰기는 배운 교재를 다시 한 번 떠올려서 공책 위에 재현해 기억한 대로 시각화한다. 손과 눈이 서로 도와 반응하는 연동협응작업(連動協應作業)을 반복함으로써 대뇌에 확실하게 각인한다. 이 일은 생각만큼 간단치 않아 시간도 걸리고 힘들다. 집중력과 인내력도 필요하다. 그런 만큼 필요할 때는 언제든 재생할 수 있다.

확실한 학력은 쓰기 공부를 통해서 정착된다. 획득한 학력을 내 것으로 만들기 위해 쓰기 공부는 필수다.

🎓 매일 받아쓰기부터

쓰는 힘을 키우기 위해 가정에서 가장 손쉽게 할 수 있는 방법은 교과서 받아쓰기다. 공책에 줄줄이 쓰는 것은 그다지 효과가 없다. 원고용지를 주고 거기에 깨끗하게 받아쓰게 한다.

처음에는 옆에서 교과서 문장을 읽어주어야 한다. 먼저 원고용지를 주고 최대한 깨끗하게, 아이 스스로 보기에도 가장 예쁜 글씨로 쓰도록 지시한다. 원고용지 2행 중심부에는 제목을 쓰게 한다. 이제 다음과 같은 요령으로 시킨다.

"3행부터 본문을 쓰는 거야. 가장 왼쪽 한 칸은 비워두고. 그걸 단락이라고 하지. 단락이 바뀔 때마다 첫 칸은 비워두는 거야. 지금부터 읽어줄 테니 그대로 써 보렴."

그러고 나서 천천히 문장을 읽어준다. 글씨를 잘못 쓰면 그때그때 주의를 준다. 따옴표나 쉼표도 일러준다. 처음에는 200자, 즉 원고용지 한 장 정도에서 끝낸다.

다음 날 다시 한 번 같은 곳을 읽어주고 받아쓰게 한다. 전날처럼 일일이 지시하지 않고 천천히 읽어주기만 하면 된다. 쉼표, 따옴표, 한자, 그리고 훈독을 위해 한자 아래 작게 표기하는 히라가나 등을 이번에는 아이 자신이 판단해서 써야 한다. 표기가 틀렸으면 지적한다. 그러면 다시 생각한 후 바르게 고칠 것이다. 모르면 가르쳐주면 된다.

매일 아주 조금씩이어도 상관없다. 원고지 반 장이나 한 장 정도 교과서의 문장을 받아쓰게 하는 것이다. 이렇게 15일 정도 계속하면 쓰기를 싫어하지 않고 글자도 꽤 반듯하게 쓸 수 있게 된다.

🎓 학원보다 중요한 받아쓰기와 베껴 쓰기

받아쓰기가 어느 정도 익숙해지면 이번에는 베껴 쓰기를 시킨다. 교과서 문장을 보고 원고용지에 그대로 베껴 쓰는 것이다.

받아쓰기는 읽어주는 어른이 쉼표나 단락, 따옴표 등에 대해 주의를 주기 때문에 들으면서 맞춰 써 나갈 수 있어 비교적 편한 공부라고 할 수 있다.

그러나 베껴 쓰기는 그렇지 않다. 눈으로 본 글자를 하나하나 베껴 써야 한다. 처음에는 마치 목이 흔들거리는 인형처럼 한 자씩, 혹은 한 단어씩 보고 쓴다. 바쁘게 고개를 좌우로 흔든다. 그러다 보면 두 자, 세 자 외워서 쓰게 된다. 익숙해지면 쉼표까지 한 문장을 쓸 수 있다. 그 정도가 되면 더 이상 쓰기 공부를 힘들어하지 않아 30분 정도는 집중해서 할 수 있다. 일정 시간 지속적으로 공부할 수 있는 육체적·정신적 능력만 갖춰지면 나머지는 아무 문제 될 게 없다.

그러나 학습부진아는 지적 능력에 아무 문제가 없는데도 끈기 있게 공부에 몰두하지 못한다. 외모는 번듯하고 늠름해도 책상 앞에 앉아서 조금만 지나면 등이 구부정해지고 자세가 무너진다. 다리가 무거워져서 아무렇게나 뻗는다. 눈꺼풀도 무거워진다. 몸을 움직이는 근육은 발달했지만 상체를 바르게 유지해주는 근육은 약하다. 그래서 가만 있지 못하고 금방 부스럭거린다. 공부하기에 적합한 육체적·생리적 능력의 공부력이 발달하지 못한 상태이다. 한마디로 학습 체력이 갖춰지지 않은 것이다.

따라서 받아쓰기나 베껴 쓰기 학습을 매일 시키면 육체적·생리적 능력의 공부력이 발달한다. 석 달은 지속적으로 해야 한다. 이때는 어른의 인내심이 전제 조건이라고 할 수 있다.

매일 베껴 쓰기를 시키면 아이는 쓰기에 재미를 붙인다. 다 쓴 원고용지는 날짜를 기록해 보관해준다. 한두 달 지난 후에 처음 쓴 원고용지를 보면 한눈에 연습의 성과를 알 수 있다. 분명히 쓰기 실력이 향상되어 있다.

베껴 쓰기는 매일 시간을 정해서 시키되, 20분이 적당하다. 연습을 거듭할수록 그 시간 내에 쓸 수 있는 분량도 차츰 늘어난다. 대부분 처음에 비해 1.3~1.5배 정도 빨리 쓸 수 있고 열심히 노력한 아이라면 2배는 빠르게 쓸 수 있다. 받아쓰기, 베껴 쓰기를 지속하는 것만으로도 글자와 문장을 '바르게, 빠르게, 예쁘게'라는 3박자를 모두 갖춰 쓸 수 있다. 학습부진아 소리를 들을 때는 지저분하고 느리고 틀린 글자 투성이었다. 그런데 '매일 꾸준히 하면 이렇게 좋아지는구나' 하고 아이 자신도 놀랄 만큼 향상된다. 그렇게 해서 공부하는 즐거움을 알게 된다. 어떻게든 공부에서 벗어나려던 이전의 태도는 찾아볼 수 없다. 이제 공부하는 것이 식사 시간처럼 즐거운 일과가 된다.

받아쓰기와 베껴 쓰기는 학원에 보내는 것보다 아이의 학력을 크게 향상시킨다. 집중력과 지구력을 키워주기 때문이다. 자기 노력의 가치를 생생히 느낄 수도 있다. 게다가 부모로서는 가장 봐주기 쉬운 공부다. 아이가 쓰고 나서 평가도 정확히 해줄 수 있다. 저녁 식사를 준비할 때 쓰기 공부를 시키면 옆에 달라붙어서 잔소리할 때보다 아이도 차분하게 할 수 있다. 이 집중력과 지구력은 학교 수업에서도 유효하다.

석 달만 베껴 쓰기를 지속하면 아이는 급속하게 달라진다. 늘 부산스럽고 어중간하던 아이가 어느 사이에 침착하고 끈기 있는 아이로, 끝까지 해내는 다부진 아이로 바뀐다.

아이들은 아무리 혼내고 설교해도 혼자 하려고 하지 않는다. 떨떠름한 얼굴로 마지못해 할 뿐이다. 그러므로 진정으로 아이의 학력을 키우고 싶으면 공부력이 몸에 붙을 때까지는 시켜야 한다. 시키는 과정에서 칭찬도 하고 격려도 하고 때로는 혼도 내야 한다. 그런 점에서 베껴 쓰기는 아이의 학습 태도를 호전시키는 데 실제적인 효과를 올릴 수 있는 좋은 방법이다.

📖 교과서 문장 베껴 쓰기

베껴 쓰기는 아이의 내언어(內言語) 발달에 도움이 된다. 언어에는 세 가지 기능이 있는데 전달, 사고, 자기 통제다.

전달은 자신의 의사와 감정을 누군가에게 알리는 것이다. 소리를 내어 상대에게 확실히 들리도록 말한다. 이때 음성 언어를 사용한다. 사고는 자신의 머릿속으로 궁리하고 생각을 이리저리 짜맞추는 것이다. 거기에 이용되는 것이 내언어이다.

초등학교 1학년도 중반이 지나면 이 내언어를 통한 사고가 가능하다. 유아 때는 내언어만으로 하는 사고는 무리여서 입으로 소리를 띄엄띄엄 내서 자신의 생각을 정리한다. 초등학교 1학년 아이에게 시험 문제를 풀게 하면 교실 여기저기서 중얼거리는 소리가 들린다. 이때, 조용히 하라거나 중얼거리지 못하게 하면 아이들의 사고활동은 정지해버린다.

7세 정도까지는 아직 내언어만으로는 어렵고 자기 입으로 소리 낸 말을 들으면서 사고를 전개한다. 말할 때 사용하는 음성 언어를 습득하고 문장 언어를 섭취하는 시기에 들어선 것이다. 문장어를 제 것으로 했을 때는 사고는 내언어에 의해 이루어진다. 과도기인 만큼 음성 언어와 내언어를 섞어가며 사고를 진행한다.

9세가 되면 완전히 내언어만으로 사고 활동을 전개할 수 있다. 책을 읽을 때 전혀 소리 내지 않고 묵독하는 아이는 이미 내언어 조작에 익숙해 있는 것이다. 내언어를 자유롭게 구사한다는 것은 머릿속으로 이미지를 그릴 수 있는 능력이 있다는 것을 의미한다. 즉, 추상적인 수준의 사고가 가능하다는 얘기이다. 개념을 조작해 사물을 이해하는 힘도 갖춰졌다.

자칫 전달이라고 하는 음성 언어의 역할에만 신경 써 커뮤니케이션이나 정보 같은 것이 강조되는데, 보이지는 않지만 더욱 중요한 언어의 기능은 내언어를 조작하는 사고다.

언어의 또 다른 기능은 자기통제 작용이다. 우리는 전력을 다해 멀리뛰기를 할 때 "얍!" 하고 소리를 낸다. 검도에서 머리치기 공격을 할 때도 "머리!" 하고 기합을 넣는다. 줄다리기 할 때도 소리를 낸다. 소리를 내서 자신의 행동을 통제하거나 강하게 하는 것이다.

교과서 문장의 베껴 쓰기는 아이의 언어 능력을 높여준다. 내언어의 자유로운 조작을 가능케 해준다. 표면적으로는 베껴 쓰기를 시켜도 사고력도 향상되지 않고 학력도 붙지 않는다고 생각할 수 있다. 그러나 베껴 쓰기는 하나의 문장을 외우지 못하면 불가능한 학습이다. 내언어 훈련을 촉진시키는 것이다. 그래서 문장어에 익숙해진다. 베껴 쓰기를 충실하게 한 아이 가운데 학습부진아는 없다.

🎓 한자 쓰기와 한자 구조의 이해

쓰기 능력이 떨어지는 아이는 대체로 한자를 정확히 쓰지 못한다. 학력이 낮은 아이는 열이면 열, 받아쓰기에 약하다. 한자를 자주 틀리는 아이는 연습이 부족하기 때문인데, 연습시킨다고 해서 전부 정확히 쓸 수 있는 것은 아니다.

한자를 정확히 쓰기 위해서는 세 가지 능력이 필요하다. 첫째, 하나의 한자가 어떤 요소로 이루어졌는지 분간하는 힘이다. '화(話)'가 말씀 언(言)과 혀 설(舌)로 구성된 글자임을 인지할 수 있는 능력을 말한다. '話'자를 쓰기 위해서는 우선 '언'이나 '설'이 어떤 모양의 글자인지 알아야 한다. 말씀 언(言)은 비스듬히 점을 찍고 그 밑에 기다란 일(一), 다시 그 밑에 이(二)와 구(口)를 쓴다, 혀 설(舌)은 천(千) 아래에 구(口)를 쓰는 글자라고 알지 않으면 정확히 쓸 수 없다. 즉, 한자라는 공간 도형을 그 구성 요소인 변이나 뜻으로 분해해 인식하고 거기에 차이를 식별하는 능력이 필요하다.

둘째, 그것을 획순에 맞게 써나가는 능력도 필요하다. 어렵게 말하면 시계열(時系列)에 따라서 규칙에 맞게 재편성, 재구성하는 능력이 요구된다. 엉터리 획순으로는 오자를 쓰게 된다. 바른 획순을 습득해야 정확한 글자를 쓸 수 있다.

셋째, 위치에 대한 명확한 인지 능력이 있어야 한다. 오른쪽 위에서부터 왼쪽 아래로 비스듬히 내려 긋거나, 아래를 약간 불룩하게 선을 긋거나, 중앙 왼쪽에 심방변(忄)을 쓰는 것을 말로 정확히 표현할 수 있고 그대로 글자를 쓸 수 있는 눈과 손가락의 연동 협응 능력이 필요하다.

한자를 습득하기 위해서는 이 세 가지가 반드시 필요하다. 즉 분석과 종합이라는 인식 능력과 인지한 것을 정확히 떠올리고 재현할 수 있는 능력이 어느 정도 성숙해야 한다.

한자 쓰기에 필요한 이 세 가지 능력은 실질적으로 활자 문화를 가까이 하고 손가락 끝의 정교함을 높이는 작업을 통해 발달한다. 책을 읽지 않는 아이는 한자 외우기에도 아주 약하다. 또, 손끝의 꼼꼼한 움직임이 요구되는 종이접기 같은 공작 활동에 서툰 아이는 글자 쓰기가 더디고 글자 모양도 엉망이다. 한마디로 한자를 쓰는 능력이 부족한 아이는 가정의 문화적 환경이 좋지 않기 때문이다.

한자에 약한 아이는 반복적으로 연습을 시켜도 거의 효과가 없다. 공부 기피증이 심해질 뿐이다. 이런 아이는 추상어나 개념어에도 익숙지 않은데, 그런 말들은 대개 한자가 들어간 숙어 형태를 취하기 때문이다. 매우 난해한 말이어서 외우려는 마음이 전혀 일지 않는다.

그러나 숙어를 읽거나 쓰지 못하고, 이해하지 못하면 추상어와 개념어를 마치 라틴 어처럼 전혀 알아듣지 못한다. 국어, 수학, 사회, 과학, 보건, 음악 그 외 모든 교과목에서 사용되는 한자, 숙어를 이해하지 못해 공부에 따라가지 못한다. 중학생

가운데 저학력인 아이는 하나같이 한자 읽기와 쓰기 능력이 부족하다.

그런 비참한 아이로 만들지 않기 위해서는 초등학생 때부터 아이가 생활에서 실감할 수 있는 유기적인 학습법으로 지도해야 한다. 그리고 한자를 외우려는 의욕이 일도록 지도해야 한다. 그렇지 않으면 아이의 지적 발달에 중요한 개념 조작과 추상적 사고의 단위인 개념어 · 추상어 습득에서 현저하게 뒤처질 수밖에 없다.

🎓 한자를 싫어하는 아이를 위한 접근법

초등학교 저학년 때는 한자에 신경 써서 조금은 천천히 가르칠 여유가 있다. 잘못된 획순으로 쓰지 않는지 하나하나 확인할 수 있는 여유도 있다. 그런데 중학년이 되면 교재 양에 비해 수업시간이 턱 없이 부족하다. 한자의 의미나 획순, 음독, 훈독, 비슷한 말, 반대말, 숙어, 짧은 글을 꼼꼼히 가르치다 보면 그것만으로 국어 시간이 끝나버린다. 내용 검토나 문장을 의미하는 일들은 불가능하다. 그래서 저학년 때에 비해 한자 지도에 소홀히 하게 된다. 획수가 많은 새 한자가 매일 나오기 때문에 따로 시간을 내 배우지 않으면 따라오기가 어렵다. 한자가 신통치 않은 아이 가운데 성적이 좋은 아이는 없다. 한자를 제대로 쓰지 못하거나 기억하지 못하는 아이는 예외 없이 저학력아가 된다.

한자를 싫어하는 아이, 한자를 제대로 쓰지 못하는 아이에게 특효약은 없을까. 물론 간단치 않지만 한자 능력을 키워줄 방법이 있다.

고학년 아이들에게 동녘 동(東)이라는 글자를 써보라고 하면 세로획의 아래를 삐쳐 올려 쓰는 아이가 있다. 그러면, 그 잘못된 부분을 상세히 설명해주는 것이 좋다.

"동녘 동(東)은 송곳이 주머니를 뚫듯이 태양이 지평선에서 올라오는 모습을 나타낸 글자야. 하지만 글자 모양에서 이런 식으로도 생각할 수 있지. 동(東)이라는 글자는 나무(木)를 기본으로 해서 만들어진 글자거든. 나무 목(木) 아래 태양을 뜻하는 날 일(日)을 붙이면 어두울 묘(杳)가 되지. 나무 밑동으로 해가 기운 것을 나타내는데, 그때 주위는 어떨까?"

"저녁이 되어 어두워져요."

"그래, 그래서 어두울 묘인 거야. 그럼 나무 꼭대기에 해가 떠오를 때 주위는 어떨까?"

"한낮이니까, 주위는 밝아요."

"그렇지! '杲'라고 쓰고 '밝을 고'라고 읽어. 그럼 이번에는 나무 중간쯤까지 태양이 떠오르는 것은 하루 중 언제일까?"

"아침 8시나 9시요."

"그래, 그럼 그때 태양의 방향은?"

"동쪽요."

"그래, 맞아. 동(東)이라는 글자는 나무 중간쯤에 해가 들어와 있는 거야. 나무는 땅속으로 뿌리를 뻗지? 뿌리 끝이 위로 향하면 흙 위로 나와서 말라 죽잖니? 그래서 나무는 절대 삐쳐 올려선 안 되는 거야. 나무 목(木)을 기본으로 하는 본(本), 미(未), 말(末)도 전부 삐쳐 올리면 안 된단다."

또 '西'를 '西'로 쓰는 아이도 있다. 어른 중에도 그렇게 쓰는 사람이 있다. '西'의 첫 획순인 '一'은 새의 몸통을 나타낸다. 새는 해가 지면 둥지로 돌아온다. 동쪽부터 어두워지기 때문에 새는 해가 지면 꼭 서쪽 방향에서 날아온다. '西'의 아래쪽 '口'는 둥지다. 둥지로 돌아오면 다리를 구부리고 휴식을 취한다. 다리를 뻗은 상태로 있지 않기 때문에 '儿'로 쓰는 것이다. 그래서 꺾지 않고 곧게 내리그어서는 안 된다.

🎓 습관은 3개월, 학력은 6개월

이런 식으로 한자의 구성과 글자 자체가 갖고 있는 의미를 알기 쉽게 가르치면 지금까지 한자에 흥미가 없었던 아이도 다른 한자의 유래를 묻기 시작한다. 이것이야말로 좋은 기회로 이때를 놓쳐서는 안 된다. 서점에는 아이들이 알기 쉽게 설명되어 있는 책이 많이 나와 있다. 그런 책을 몇 권 준비해서 특히 관심을 보이는 아이나 한자가 약한 아이에게 빌려준다.

"선생님은 이 책을 보고 알았어. 바빠서 전부 읽어줄 수 없으니까 대신 너희가 잘 읽어보고 다음에 새로 배우는 한자의 구성이나 왜 그렇게 쓰는지를 다른 친구들에게 말해주렴." 물론 선생님은 이미 글자의 어원에 대해 알고 있지만 모르는 척하는 것이다. 책을 빌린 아이는 열심히 읽는다. 그러고는 신출 한자 시간에 알고 있는 지식을 친구들 앞에서 얘기한다.

사람은 한번 배운 것을 남에게 가르치면 평생 잊어버리지 않는다. 이 아이들은 가장 효과적인 공부를 한 셈이다. 한동안 지속하면 다른 아이처럼 한자에 흥미를 보이며 좋아하고 틀리는 글자가 줄어든다. 사전도 잘 찾고 매일같이 쓰기 연습도 한다. 스스로 공부하는 힘이 생기는 것이다. 그렇게 싫어하고 자신 없어 했던 한자를 이렇게 해서 정복하게 된다.

선생님과 부모가 무조건 가르치려 해서는 효과가 없다. 아이들 마음속에는 부모나 선생님이 모르는 것, 잘하지 못하는 것으로 이기고 싶다는 생각이 있다. 그 에너지가 발휘되도록 도와줘야 한다. 어른이 모르는 부분을 보충해달라는 형태로 아이에게 요청하면 가슴이 설렐 만큼 신나고 재미있게 공부한다. 아이의 눈에 지나칠 정도로 만능인 어른은 교육의 역효과를 불러일으켜 아이의 의욕을 없애버린다. 이리저리 지시하는 것은 비교육적이기까지 하다. 공부하기 싫어하는 무기력한 아이로 내몰 가능성만 높일 뿐이다.

받아쓰기, 베껴 쓰기를 어려움 없이 할 수 있고, 한자도 척척 쓸 수 있게 되려면 6개월은 걸린다. 열흘, 20일도 부족하고 반드시 석 달을 계속해야 쓰기에 대한 편견이 없어지고 습관으로 굳어진다. 그러나 학력으로 갖춰지려면 6개월은 걸린다. 아이보다 부모의 인내심, 선생님의 끈기가 필요한 학습이다. 눈에 보이는 형태로 향상되면 나머지는 아이 자신의 힘으로 더욱 발전한다. 그렇게 되기까지는 6개월간의 끈기가 필요하다.

쓰기 능력은 학력의 지표다. 정확하고 신속하게 과제를 처리하는 높은 학력의 아이는 쓰기 능력도 수준 이상이다. 그런 아이들은 쓰기를 통해 새로 획득한 학력을 정착시킨다. 읽기로 새로운 학력을 획득하고 쓰기로 새로운 학력을 정착시키는 것이다.

계산 연습은
학력의 견인차

🎓 요즘 교실에서 사라진 계산 연습

전자계산기가 보급되면서 계산 연습에 주력하는 선생님이 크게 줄었다. 좀 더 정확히 말하면 교과서에서 계산 문제가 조금씩 모습을 감추고 있다. 게다가 수학 시간에 여유가 없어 학교에서 아이들에게 철저히 계산력을 심어주는 것은 도저히 불가능한 일이다.

한편으로는 저렴한 전자계산기를 쉽게 구입할 수 있어 계산이 느리거나 자신이 없어도 크게 지장 없을 거라는 생각에 거의 시키지 않는 경우가 많다. '계산 연습은 수학적 사고와는 관계없다, 그런 단순한 것을 기계적으로 반복하게 하는 것은 시간 낭비다, 창조성을 저해한다, 배우는 기쁨을 빼앗는다' 하는 견해도 적지 않다. 그 때문에 학교에서는 그다지 계산 연습을 시키지 않는다. 대부분의 교사들은 자신이 만든 교구(敎具)를 사용해 새로운 교재를 이해시키는 데 역점을 둔 수업을 하고 있다. 과연 언제 계산 연습을 시킬 수 있는지 걱정이 된다.

고학년의 경우는 수학 시간이 일주일에 한 시간이 줄어들었다. 주당 5시간이던 수업이 1980년부터 일주일에 4시간으로 20%나 줄었다. 그런데 가르치는 내용이나 수준은 예전과 별로 다르지 않다. 당연히 한 단위 수업 시간당 수업 속도는 빨라질 수밖에 없다. 그것도 20%가 아니라 25%나 빨라야 한다. 조급하게 수업을 진행해야 하므로 이해하지 못하는 아이가 있어도 그들이 이해할 때까지 가르칠 여유란 없다. 지금 '여유 시간'이란 것은 너무 많은 여유를 주는 시간이라는 의미가 되었다. 아이를 위해서라면 하루라도 빨리 진정한 여유를 되찾아야 한다.

교과서 개정이 이뤄질 때마다 교과서의 계산문제가 점점 줄어든다. 시간을 갖고 계산 연습을 시킬 필요가 없다는 것일까, 아니면 원리만 알면 나머지는 전자계산기를 사용하라는 것인가.

초등학교 2학년 과정에서 네 자릿수의 덧셈과 뺄셈을 가르치는데, 교사용 지도서에는 덧셈에 한 시간, 뺄셈에 한 시간을 배치하라고 나와 있다. 수업 시간 한 시간은 60분이 아니라 45분이다. 그것도 새로운 것을 가르치는 데 45분 모두를 활용할 수는 없다. 하루 이틀 전에 배운 것을 복습한 후에 그 날의 새로운 내용을 공부한다. 그렇게 되면 실질적으로 네 자릿수 덧셈과 뺄셈을 가르칠 수 있는 시간은 각각 30분 정도뿐이다. 가정에서 예습했거나 학원에서 선행 학습을 한 아이라면 모를까 학교 수업이 전부인 아이가 따라가기에는 시간적으로도 무리가 있다. 당연히 네 자릿수의 덧셈, 뺄셈을 제대로 할 수 없다. 특히 '1003-987'처럼 빼지는 수(피감수)에 '0'이 있기라도 하면 아이들은 거의 엄두도 못 낸다.

🎓 수량 감각 키우기

아이들에게 네 자릿수 뺄셈은 매우 어렵다. 그들의 일상생활에서 '몇천 몇백 몇십 몇'이라는 수에서 '몇천 몇백 몇십 몇'이라는 수를 빼는 일은 거의 없기 때문이다. 그런 계산은 한 적도 없고 앞으로도 거의 할 일이 없을 것이다. 네 자릿수의 계산은 추상도가 매우 높은 것이어서 아이에게는 차원이 다른 세계의 일이다. 아이들에게 네 자릿수 덧셈이 피부에 와 닿는 것은 설날뿐이다. 부모님께 5,000원, 친척 어른에게 10,000원, 동네 아저씨한테 2,000원 하는 식으로 세뱃돈을 받았을 때 네 자릿수 덧셈이 필요하다. 그 외에 아이들이 네 자릿수 덧셈을 할 일은 없다. 게다가 세뱃돈은 모두 1,000원 단위로 끝수가 없다. 드물게 500원 단위로 받는 경우도 있지만 계산이 간단해 일부러 계산 방법을 배우지 않아도 된다.

뺄셈의 경우는 더더욱 쓸 일이 없다. 고작해야 1,000원 들고 심부름 갔다가 잔돈을 받아오는 정도다. '4016-2979' 같은 뺄셈이 아이의 실생활에서 등장하는 경우는 결코 없다고 단언할 만하다. 이렇게 일상적으로 쓸 기회가 없는 계산이다 보니 계산 원리를 이해시키는 게 쉽지 않다. 이리저리 궁리하고 노력하지 않으면 이해시키지 못한다.

몇천이라는 수를 아이에게 인지시키기란 무척 힘든 일이다. 아이들은 절대 단번에 이해하지 못한다. 100까지의 수라면 그림을 그리거나 물건을 나열해서 직접 파악하게 할 수 있다. 구슬이나 잔돌 10개를 한 묶음씩 만들어 그것이 9묶음 있으면

90개라는 것은 모두들 쉽게 이해한다.

그러나 1,000이 넘는 큰 수가 되면 구슬이나 잔돌, 블록 같은 구체적인 물건을 준비하거나 그것들을 늘어놓을 만한 시간이 없다. 간혹 한두 번이라면 몰라도 계산 원리를 가르칠 때마다 그렇게 할 수는 없다. 그래서 수도방식 계산법에서 쓰는 반(半)구체물인 타일을 이용한다. 물론 이것도 만능은 아니다. 수량에 대해 일정 수준 인식하고 있는 아이는 타일을 사용한 네 자릿수의 덧셈, 뺄셈 원리를 쉽게 이해한다. 그리고 바로 계산 방법을 납득한다. 그러나 수량에 관한 인식이 미숙한 아이는 타일로 나타내는 수가 얼마인지밖에 말하지 못한다. 그 수에서 다른 수를 뺀 차가 얼마인지 모른다. 예를 들어, 타일을 사용해서는 계산조작을 할 수 있어도 타일 없이 숫자만으로 계산하라면 쉽게 하지 못한다.

계산이 약한 아이는 수량감각이 거의 없다. 1,000이라는 수가 자신이 다니는 학교 전교생이 아침 조회에 모였을 때의 수와 비슷하다는 것을 모른다. '2,000은 원고용지에 5장 빽빽이 칸을 메워 썼을 때의 글자 수, 5,000은 자신이 살고 있는 동네의 주택 수' 하는 것들이 파악되지 않는다. 그래서 아무리 계산 연습을 시켜도 아이에게는 아무 의미가 없다. 그저 어떤 감흥도 일지 않는 귀찮은 일거리가 되어버린다. 그런 아이에게는 계산 조작방법을 가르치기보다 일상에서 수량에 관한 보이지 않는 학력을 키우는 것이 더 중요하다.

🎓 수학 못 하는 아이를 위한 해법 1
— 일상에서 수 사용하기

"이 시(市)에서 가장 높은 산은 900m인데 에베레스트 산은……" 또는 "이 동네의 인구는 1만2천 명인데 옆 동네는 2만 명이야", "이 달에는 수도를 35m³나 썼네? 그럼 3만5천*l*나 쓴 거야?", "홋카이도까지 비행기로 가면 왕복 60만 원이 드는데 배로 가면 훨씬 저렴하지" 하는 식으로 평소 숫자가 들어간 대화를 나누면서 자란 아이는 자신도 모르는 사이에 큰 수에 대해 대략적으로 인식할 수 있다. 수에 대한 구체적인 이미지, 양에 대한 감각이 갖춰지는 것이다. 그런 아이는 계산 방법만 가르쳐주면 간단히 해결한다.

그러나 수에 대한 이미지나 양에 대한 느낌이나 감각이 없는 아이들은 아무리 쉽게 계산법을 가르쳐도 정확히 터득하지 못한다. 예를 들어, 구체물이나 반구체물인 타일을 사용하더라도 완전한 학력으로 쌓이지 않는다. 그 자리에서 이해한 것으로 끝날 뿐 다음 날이면 깨끗이 잊어버린다.

수에 대한 인식이 미처 발달하지 않은 아이에게는 보충 설명처럼 평소 숫자를 활용한 이야기를 해주어야 한다. 몇십 번, 몇백 번씩 수와 관련 있는 말을 듣다 보면 수에 대한 관심이 생기고 흥미를 갖는다. 바로 그 시점에서 계산 방법을 가르쳐주면 순식간에 납득한다. 깜짝 놀랄 정도로 계산하는 머리가 유연해진다. 불과 석 달 전에는, 아무리 쉽게 설명해줘도 전혀 가르치는 보람이 없던 아이였다. 그런데 놀라울 정도로 이해를 잘할 뿐 아니라 빠른 속도로 풀어 나갔다. 이렇듯 보이지 않는 학력의 토양이 만들어지지 않은 상태에서는 아무리 궁리해서 가르쳐도 쉽게 보이는 학력으로 정착되지 않고, 정착돼도 효과가 그리 만족스럽지 못하다.

수학을 못 하는 아이에는 크게 세 종류가 있다. 첫째, 가정에서의 대화나 경험에서 수량을 의식하는 생활이 되어 있지 않은 아이다.

"벌써 8시 반이야, 어서 일어나라", "세뱃돈을 은행에 저금하고 왔어. 모두 합해서 24만5천 원이더라. 봄방학 때 만5천 원을 줄 테니 저금해라", "이 사진 맨 뒤에 뾰족하게 솟은 산 보이지? 이게 바로 산세가 험하기로 소문난 야리가타케 산인데, 높이가 3,180m나 되지. 아빠가 젊을 때 이 산 정상까지 올라간 적이 있어", "지구 둘레는 4만km나 된대. 고베에서 도쿄까지의 거리가 약 500km니까 그것의 몇 배나 될까? 아무튼 지구는 엄청 커."

이런 이야기를 자주 나누는 가정의 아이라면 자연스럽게 수량에 대한 인식도 풍부해진다. 물론 학교에서도 평소 그런 이야기를 자주 들려주어 아이의 부족한 수량 감각을 보충해주는 배려가 뒤따라야 한다. 수학 시간에만 수에 대한 인식을 높여줄 수 있는 것은 아니다.

🎓 수학 못 하는 아이를 위한 해법 2
— 문장 이해력 길러주기

둘째, 수학책에 쓰인 내용이 무엇이고 무엇을 묻는 것인지 이해하지 못하는 경우이다. 이런 경우, 아이는 글자를 읽을 수 있지만 '무엇이 어떠니까 무엇을 어떻게 하면 된다'는 것을 전혀 모른다. 문제에 나와 있는 정경이나 장면을 이미지로 떠올리지 못하는 것이다. 이런 아이는 단적으로 책

문장식 문제의 예시

① 유리는 캐러멜과 사탕 중에 캐러멜을 좋아한다. 캐러멜과 초콜 릿 중에는 초콜릿을 좋아한다. 유리가 가장 좋아하는 것은 무 엇일까?

② 사과와 배 중에서는 사과가 크고, 감과 사과 중에서는 감이 크 다. 그러면 감과 배 중 어느 것이 클까?

③ 만일 쥐가 개보다 크고, 개가 호랑이보다 크다면 쥐와 호랑이 중 누가 클까?

④ A, B, C, D 4개의 도시가 있다. A는 C보다 크고, C는 B보다 작다. B는 A보다 크고, D는 A 다음으로 크다. 4개의 도시를 큰 순서 로 써라.

⑤ 3명의 프랑스 인 여자 아이가 있다. 마틸드는 레나르보다 머리 색깔이 밝다. 또 마틸드는 안네트보다 머리 색깔이 진하다. 누 구의 머리 색깔이 가장 진할까?

읽기를 싫어해 책을 멀리했기 때문이다.

나는 문장을 정확히 파악하고 초보적인 논리를 조작할 수 있는지 여부를 알아보기 위해 1학년생을 제외하고 다음과 같은 문제를 아이들에게 풀어보라고 했다. 계산을 전혀 못 하는 아이도 문장을 읽고 생각하는 능력만 있으면 풀 수 있는 문제다.

①②를 정확히 대답할 수 있는 아이는 계산만 틀리지 않으면 저학년 때 수학에서 뒤처지는 일은 없다. 아이의 실생활에 흔히 등장하는 예를 소재로 했기 때문에 상식의 틀에서 벗어나지 않는 문제다. ①은 문제를 읽는 아이 자신이 가장 좋아하는 답으로 해도 좋다. 읽을 수만 있으면 틀린 답을 쓸 리 없다. ②는 약간 생각해야 하는 문제다. 그래도 거의 전원이 정답을 쓴다. ①② 두 문제 모두를 풀지 못한 아이라면 학교 수업을 따라가는 것은 매우 어려운 일이 될 것이다.

③은 평소 인지하는 것과는 완전히 반대인 가공의 일을 예로 든 문제다. 이 문제는 만들어낸 것이고, 답도 실제 사실과는 다르다는 것을 아는 아이에게는 우습고 즐거운 문제다. 그러나 문장에 씌어 있는 내용을 머릿속에서 정확히 파악하지 못하는 아이, 이미지를 떠올리지 못한 아이에게는 체험적 사실과는 반대되는 것이 씌어 있기 때문에 답을 쓰지 못한다. 이런

아이들은 일상에 묻혀 구체적인 수준의 사고 영역을 벗어나지 못한다.

초등학교 3학년 중반부터 도형의 조작이나 큰 수의 처리를 배우게 된다. 아이의 평소 생활과는 약간 거리가 먼 수량을 다루게 되므로 ③과 같은 가공의 사항에 대해서 내용이나 개념에 들어맞는 사고를 할 만한 능력이 없으면 학력이 뒤처진다. ③을 재미있어 하며 풀 수 있는 아이라면 3학년 수학에서 실수할 걱정은 없다. 계산 연습만 제대로 시키면 된다.

③을 풀지 못하는 아이는 책에 관심이 없는 경우가 많다. 주로 공상적인 이야기나 모험소설, 과학소설, 만화를 즐겨 읽지 않는 아이다. 글자로 만들어내는 상상의 세계에는 흥미가 없고 눈에 보이는 현실에서만 살고 있다. 어른으로 말하면 속물주의자 혹은 아둔한 현실주의자 정도로 얘기할 수 있다. 한마디로, 머리가 굳어 있다. 사고에 유연성이 없고 발상이 평면적이다. 그러므로 이런 아이에게는 아주 재미있는 책을 주지 않으면 안 된다. 책 읽기를 좋아하면 이런 수준의 문제는 식은 죽 먹기다.

나아가 아이에게 미니 완구를 이용하여 직접 문장으로 된 문제를 만들어보게 한다. 작은 고속열차, 중간 크기의 자동차,

커다란 헬리콥터를 늘어놓고 같은 문제를 실제로 만들게 하는 것이다. 시간이 걸리겠지만 다른 물건으로 바꿔 세 번 정도만 시켜보면 거의 이해한다. 이 방법은 특히 빠른 효과가 있다. 그러나 근본적으로는 독서력을 높이는 것이 가장 중요하다.

🎓 수학 못 하는 아이를 위한 해법 3
— 왜 수학을 못 하는지 파악하기

④번 문제를 풀 수 있다면 초등학교 4학년에서 학업부진아가 될 염려는 없다. 이미 추상적인 수준의 사고가 가능하기 때문이다. 상징이나 기호를 조작해 일정한 논리를 전개하는 힘을 갖추고 있다. 구체적 사고의 세계에서 추상적 사고의 세계로 들어간 것이다.

초등학교 4학년 중 ④번을 풀지 못하는 아이는 크게 좌절한다. 아무리 가르쳐도 이해하지 못한다. 문제를 풀어보라고 시켜도 좋아하거나 진척이 없고, 방과 후 별도로 공부를 시켜도 효과가 없다. 학원에 보내도 안 된다. 부모도 선생님도 아이의 머리가 나쁘다고 포기하는 상태가 된다. 아이 자신도 '나는 바보야', '나는 머리가 나빠' 하고 생각한다.

④번을 풀지 못하는 아이는 머리가 나쁘다. 장마철 흐린 하늘처럼 머릿속이 뿌옇다. 그러나 장마는 머지않아 끝나 흐린 하늘은 하루 이틀 지나면 구름이 걷힌다. 침침한 머리에 산뜻한 바람을 보내주면 머릿속 안개는 단번에 사라진다.

"너는 머리가 나쁘지 않은데 수학 시간이 되면 안개가 끼는 거야. 단번에 없앨 수는 없지만 그건 차츰 없어진단다. 서두를 것 없어", "반 회의 때는 좋은 의견을 자주 발표하더라. 그런 의견을 낼 수 있는 건 머리가 좋기 때문이야. 하지만 수학은 좀 그래. 머리가 제 기능을 못하기 때문이야" 하고 지금의 상황을 인식시켜 극복할 수 있는 방향을 암시해준다. 아이가 했던 구체적인 얘기나 실적을 들어 머리 자체는 절대 나쁘지 않다는 것을 강조한다. 지금은 머리가 맑지 못하다는 것을 인식시켜줄 필요가 있다.

이때, 발생 원인이 텔레비전인지 만화인지 계산력 부족인지, 아니면 바보라고 스스로 믿고 있기 때문인지를 분명하게 밝혀줄 필요가 있다. 그리고 사소한 것이라도 좋은 발언, 개성적인 표현, 좋은 성적을 받았을 때는 아낌없이 칭찬해준다. "좋은 말 했다. 역시 너는 머리가 좋구나!", "생각지도 못한 의견이야. 아주 좋아", "점수가 올랐네? 이제 공부가 좀 재미있

어지나 보다" 하고 한두 마디 덧붙여주는 것이 무엇보다 중요
하다.

⑤번을 풀 수 있는 아이라면 초등학생치고는 사고력이 충
분히 갖춰진 것이다. 게으름 피우지 않고 착실히 공부하도록
배려해주면 된다. 남는 시간은 체력을 키우거나 보다 지적인
발달을 위해 책을 읽거나 제작 활동 등을 하게 한다.

🎓 수학 못 하는 아이를 위한 해법 4
― 계산력 향상

수학을 못하는 세 번째 경우는 계산력 부족이
다. 조금 복잡한 계산을 시키면 아주 느린데다 정확한 답도 쓰
지 못한다. 문장형 문제의 식 세우는 과정이 맞아도 연산에서
실수하고 만다. 부주의할 뿐 아니라 계산 순서나 방법을 몰라
서 풀지 못한다. 이해도 충분치 않은데다 연습도 소홀히 한 상
태다. ①~⑤의 문제를 완벽하게 답하지 못한 아이 중에는 계
산력이 약한 아이가 상당수이다.

일반적으로 초등학생 때 수학을 못하는 아이는 대부분 계산
력이 약하다. 반대로 성실하게 계산 연습을 하는 아이 중에 수

학을 못하는 경우는 거의 없다. 계산 연습을 반복함으로써 사고 속도가 빨라지고 약간 어려운 문제도 집중해 극복하려는 의지도 단련된다. 집중력, 즉 지속력은 평생 공부력을 만드는 밑거름이 된다. 새로운 교재를 접해도 선생님 설명을 한 마디도 놓치지 않겠다는 태도와 이해하기 위한 집중력이 갖춰진다.

계산력을 키우는 것은 아이의 학습 태도와 능력에 혁명적인 전환을 가져온다. '계산은 알면 된다, 어느 정도 할 수 있으면 된다'는 식으로는 아이의 공부력과 수 감각이 향상되지 않는다.

소형 전자계산기를 갖고 계산이나 문장식 문제를 풀게 하면 처음에는 신기해하면서 사용한다. 그러나 얼마 지나지 않아 내던지며 이구동성으로 "스스로 문제를 풀었다는 기분이 들지 않아요", "노력해서 풀었다는 느낌이 없어서 재미없어요", "지금까지 배운 것을 하나도 활용할 수 없어요"라고 말한다.

계산 중 여러 과정에서 이해되지 않고, 벽에 부딪치고, 실수를 하면서도 한 걸음 한 걸음 힘을 키워가는 게 필요하다. 아이는 전자계산기로 간단히 정답을 내는 것을 재미있어 하지 않는다. 어른은 모르지만 아이에게 전자계산기는 무용지물이다.

계산을 정확하게, 빨리 할 수 있는 아이는 대체적으로 수학도 잘한다. 계산력은 수학 능력의 핵심이다. 계산력을 키우는 것은 아이에게 두 가지 의미에서 득이 된다. 하나는 계산 기법을 이해하는 과정에서 수의 구조와 감각이 키워진다. 어떤 수를 1보다 작은 수로 곱하면 답은 원래 수보다 작아진다는 것을 알게 된다. 어떤 수를 진분수로 나누면 몫은 원래의 수보다 커진다는 것도 발견한다. 꽤 복잡한 계산도 대략 답을 짐작할 수 있고, 자릿수를 잘못 적는 실수는 절대 하지 않는다. 즉, 수량 감각이 키워져 수량에 대한 인식이 정확해지는 것이다.

🎓 자신감과 끈기를 만드는 계산력

계산력을 키우는 두 번째 효용은 무엇보다 아이 스스로 노력해서 정답을 맞혀 높은 성적을 받게 되는 것이다. '나도 하면 될 수 있다', '나도 노력하면 이렇게 잘할 수 있다' 하고 성과를 명확히 인식하는 것이다. 이것은 지금까지 낮은 성적으로 자신에 대한 긍지가 없었던 가성(假性) 저학력아에게 결정적인 전환을 가져다주어 극적으로 달라진다.

계산 연습은 매일, 조금 느려도 정확히 하게 한다. 그러다 어느 시점이 되면 믿기지 않을 만큼 빨리 해낸다. 특히 시간을 재면서 하거나 꾸준히 시키면 눈에 띄게 좋아진다. 곁눈질도 하지 않고 진지하게 계산 연습을 하고 나면 어떤 아이든 만족 감과 성취욕을 느낀다. 아이의 계산력 향상은 문장 읽기나 쓰기보다 훨씬 쉬운 방법으로 이룰 수 있다.

중·고등학교에 올라가서도 계산을 못하거나 느리고 자주 실수하는 아이는 거의 100퍼센트 초등학교 1학년 때 계산 학습이 제대로 이루어지지 않은 경우이다. 계산 연습량이 지극히 적었기 때문이다. 이런 아이는 가장 기본이 되는 계산도 울트라 느림보라고 할 만큼 느리다. 3, 4학년이 되어도 여전히 한 자릿수의 덧셈, 뺄셈도 지지부진하다. 아래 표를 복사해서 실제로 시켜보면 아이의 수준이 어느 정도인지를 알 수 있다.

덧셈, 뺄셈, 곱셈의 기본 연산이 느려도 수학을 못한다. 이 또한 저학년 때 계산 연습이 부족했기 때문이다. 그러므로 고학년이어도 학업부진아인 경우에는 기초 계산부터 다시 시작하지 않으면 안 된다. 저학년의 경우 위의 백 칸을 이용해 세 가지 기초 계산을 2분 내에 완벽히 답할 수 있으려면 석 달 이상 걸린다. 중학년은 두 달 정도면 할 수 있다. 고학년은 매일 20분씩 지속하면 한 달 만에 완성할 수 있다. 중학생은 보름이면 할 수 있다. 정신만 차리면 그리 많은 시간이 걸리지 않

덧셈 기초 계산

+	8	3	6	0	4	7	1	5	9	2
8										
3										
6										
0										
4										
7										
1										
5										
9										
2										

100문제 푸는 데 필요한 시간(3학년 기준)

❧ 성적이 상위인 아이 … 2분 이내

❧ 성적이 중위인 아이 … 3분 전후

❧ 성적이 하위인 아이 … 4분 이상

는다. 저학년은 하루 200~300문제가 한도이지만 고학년이
되면 1,000문제 정도는 계속할 수 있다. 2만 문제도 어렵지 않
게 풀어낸다.

표의 숫자를 바꾸면 새로운 문제를 얼마든지 만들 수 있다.
아이 스스로도 만들 수 있다. 한 번 하면 100문제를 푸는 것이
다. 중학년은 하루에 500문제, 즉 100문제씩 다섯 번 시키면
된다. 전부 다 끝내려면 약 한 시간이 걸린다. 지금까지 하지
않았던 것인 만큼 느린 것이 당연하다. 그러나 꾸준히 하다 보
면 500문제를 완벽하게 푸는 데 15분이면 충분하다. 두 달 지
속하면 10분 안팎으로 끝낼 수 있다.

이 연습을 할 때는 매일 시간을 재는데, 아이가 직접 재서
그래프에 기입하도록 한다. 일직선으로 향상되지는 않지만 조
금씩 빨라질 것이다. 어느 날부터는 갑자기 빨리 풀게 된다는
것도 알 수 있다. 5일 정도 덧셈을 쉬고 뺄셈을 했는데 5일 후
다시 덧셈을 하자 시간을 잘못 확인했나 싶을 정도로 빨리 푼
다. 놀랄 만큼 기초 계산 능력이 쑥쑥 향상된다.

초조해하지 말고, 게으름 피우지 말고, 매일 매일 성실하게
연습하면 누구나 성과를 보게 된다.

🎓 실력이 쑥 오르는 마라톤 계산

일주일에 한 번 마라톤 계산에 도전하는 것도 눈에 띄게 효과가 있다. 욕심 부리지 말고 30분이나 20분, 일정 시간을 정해두고 제한 시간 내에 몇 백 문제를 풀 수 있는지 도전하는 것이다. 내가 2학년 담임을 맡았을 당시 최고 기록은 곱셈의 기초 계산, 즉 구구단을 30분 안에 2,400문제를 푼 아이가 달성했다. 이렇게 되려면 석 달은 걸린다.

이런 마라톤 계산을 연습하면 계산 속도가 매우 빠르게 상승한다. 집중력도 크게 높아지고 지구력과 인내력도 생긴다. 다른 수업 시간에도 태도가 180도 달라진다. 눈을 반짝거리며 절대 딴청 피우지 않고 인격적으로도 한층 성숙한다.

2분 안에 세 가지 기초 계산 100문제를 해결할 수 있으면 아이는 자신감을 갖는다. '하면 된다'고 자기 능력에 믿음을 가진다. 지금까지는 이런 믿음이 없었기 때문에 공부를 멀리했던 것이다. 이제 '더 잘하고 싶다', '힘을 더 키우고 싶다'고 생각할 정도로 달라졌다. 이때가 기회이다. 아이 역시 기다리고 있으니 즉시 다음 목표를 제시해준다. 자신감이야말로 자주성의 원천이다. 자기 능력에 대한 신뢰와 긍지는 자기교육 운동의 원동력이다.

스스로 바보라고 생각하는 동안에는 자신을 향상시키려는 행동을 절대 하지 않는다. 그렇게 포기하려는 마음을 깨부수는 것이 계산 연습이다. 능력이 급속도로 향상되는 것을 스스로 느끼면서 자신감과 긍지가 생긴다. 이런 상황에서는 약간 높은 수준의 과제를 내주어도 아이가 물고 늘어진다. 이전과는 완전히 달라진 모습을 보인다.

먼저 덧셈 숙달 문제를 풀게 한다. 스스로 문제를 만들고 스스로 연산의 옳고 그름을 확인하고 검산도 할 수 있는 문제야말로 의욕이 생긴 아이에게 안성맞춤이다. 처음에는 두 자릿수를 9회 연속 더하는 문제를 내준다.

임의의 두 자릿수를 9회 더하면 답은 그것의 10배가 되기 때문에 바로 연산의 옳고 그름을 알 수 있다. 4분 이내에 끝낼 수 있을 때까지 문제를 바꿔가며 계속 연습하게 한다. 기초 계산 100문제를 2분 안에 풀 수 있으면 이 정도는 가볍게 통과할 수 있다. 다음에는 세 자릿수로 9회 덧셈을 시킨다. 4분 이내에 정답을 쓸 수 있으면 네 자릿수로 올라간다. 마지막에는 여섯 자릿수의 9회 덧셈에 도전한다. 어떤 수를 더하든 자유다. 역시 4분 이내에 할 수 있을 때까지 계속한다. 이것은 뺄셈에도 활용된다.

```
        47                      183694
  +     47                +      183694
  _____                 _____
        94                      367388
  +     47                +      183694
  _____                 _____
       141                      551082
  +     47                +      183694
  _____                 _____
       188                      734776
  +     47                +      183694
  _____                 _____
       235                      918470
  +     47                +      183694
  _____                 _____
       282                     1102164
  +     47                +      183694
  _____                 _____
       329                     1285858
  +     47                +      183694
  _____                 _____
       376                     1469552
  +     47                +      183694
  _____                 _____
       423                     1653246
  +     47                +      183694
  _____                 _____
       470                     1836940
```

🎓 뺄셈 연습

덧셈보다 시간이 걸리는 뺄셈은 모든 아이들이 귀찮아한다. 그러나 게으름 피우지 않고 연습을 계속하면 덧셈만큼 빠르게 계산할 수 있다. 모눈종이처럼 칸을 만들어 기초 뺄셈 100문제를 100번 반복해 연습시키면 3분 전후로 가볍게 풀어낸다. 3학년 이상의 아이에게는 가능한 한 2분 이내에 풀 수 있게 한다. 4~5분이 걸리는데 부모가 이제 됐다고 타협하면 아이에게도 공부를 적당히 끝내는 습관이 생긴다. 계산 정도는 약간 느려도 심각한 문제가 아니라는 안이한 생각은 아이에게 그대로 반영된다. 계산 연습에도 끈기와 진지함이 부족해지고, 다른 공부 역시 그런 태도로 임한다. 당연히 학력이 향상될 리 없다.

'13-6' 같은 계산을 반사적으로 답하지 못하는 아이는 1학년 단계부터 다시 시작한다. 먼저 '10-1', '10-2', '10-3' …… '10-9'와 같은 연습을 철저히 시킨다. 10이라는 수의 분해와 합성을 일일이 생각하지 않아도 순간적으로 대답할 때까지 연습시킨다. 눈앞에 타일이나 물건을 늘어놓아 10까지의 뺄셈에 막히지 않고 답할 수 있도록 만든다. '1'이라고 말하면 '9', '2'는 '8', '3'은 '7', '4'는 '6', '5'는 '5', '6'은 '4', '7'은 '3', '8'은

뺄셈 기초 계산

−	18	13	16	10	14	17	11	15	19	12
8										
3										
6										
0										
4										
7										
1										
5										
9										
2										

100문제 푸는 데 필요한 시간(3학년 기준)

🌿 성적이 상위인 아이 … 2분 이내
🌿 성적이 중위인 아이 … 3분 전후
🌿 성적이 하위인 아이 … 4분 이상

'2', '9'는 '1'이라는 식의 보수(補數)를 곧바로 말할 수 있어야한다. 이것을 완벽하게 기억하면 이후는 쉽게 할 수 있다. '13-6'의 경우에는 '10-6=4, 4와 3을 더하면 7'이라는 순서로 연습시키면 된다. 몇 번 하다 보면 빨리 할 수 있다. 중학년 정도면 일주일, 고학년은 사흘이면 술술 답할 수 있다.

다음은 100문제의 기본 뺄셈으로 들어간다. 왼쪽 표와 같이 가장 위 칸에는 뺄셈 부호(-)를 써넣는다. 그 아래에 임의대로 0부터 9까지 수를 쓴다. 가장 위 칸에는 10부터 19까지 임의로 기입한다. 그리고 시계를 보며 풀게 한다. 10의 보수 계산을 충분히 연습했으면 아무리 느려도 10분까지는 완벽하게 답할 수 있다. 그 시간을 기록한다. 이후는 그때마다 시간을 재며 하루에 200~400문제를 연습하게 한다.

일주일에 1회, 30분 정도로 마라톤 뺄셈에 도전하게 한다. 30분 동안 몇 문제를 푸는지 일주일 전의 자신과 비교해서 경쟁시키는 것이다. 한 달도 안 되어 100문제를 3분 이내에 끝낸다. 빠른 아이는 2분 이내에도 마칠 수 있다.

기초적인 뺄셈을 3분 혹은 2분 내에 할 수 있으면 덧셈 때와 마찬가지로 이번에는 두 자릿수 10회 뺄셈을 시킨다. 방법은 똑같다. 임의의 두 자릿수의 끝자리에 0을 붙이고, 빼는 수는 그것의 10분의 1로 한다. 한 가지 예를 들어보자.

10회 연속해 빼면 답은 반드시 '0'이 된다('9회 덧셈'은 한 번 더 덧셈을 해도 '0'이 되는 과정이 아니므로 9회에서 그친다). 5분 이내에 할 수 있으면 합격이다. 덧셈 때보다 차례로 내려가는 것을 생각해야 하므로 1분의 시간을 더 준다. 또 잘못 풀었을 때의 검산이 덧셈보다 어렵고 시간이 걸리기 때문이다. 두 자리에서 합격하면 다음은 세 자릿수 뺄셈을 시킨다. 역시 5분 이내에 할 수 있으면 네 자리, 다음은 다섯 자리 식으로 자릿수를 늘려서 마지막은 여섯 자릿수 10회 빼기에 도전하게 한다. 아이는 대단한 의욕으로 문제를 풀어갈 것이다.

여섯 자릿수 10회 뺄셈은 어른도 5분 이내에 끝내기가 쉽지 않다. 한 곳을 실수하면 마지막 답이 '0'이 되지 않는다. 어디서 틀렸는지 검산하다 보면 제한 시간 5분이 금방 지나버린다. 단 한 번의 실수도 용납하지 않는 까다로운 문제다.

계산력이 부족한 아이에게 처음부터 이렇게 많은 자릿수의 뺄셈을 한다고 보여주면 의욕을 완전히 상실한다. 그러나 기초적인 뺄셈부터 완벽하게 연습시킨 다음 자릿수가 적은 10회 뺄셈을 착실히 하면 어려운 뺄셈도 5분 이내에 정확히 풀어낸다.

	630		7629410
−	63	−	762941
	567		6866469
−	63	−	762941
	504		6103528
−	63	−	762941
	441		5340587
−	63	−	762941
	378		4577646
−	63	−	762941
	315		3814705
−	63	−	762941
	252		3051764
−	63	−	762941
	189		2288823
−	63	−	762941
	126		1525882
−	63	−	762941

여기까지
'9회 덧셈'의
원리와 같다.

	63		762941
−	63	−	762941
	0		0

1회 더 빼면
반드시 답은
'0'이 된다.

4학년 이후에 수학 성적이 급격이 떨어지는 아이는 대부분 자릿수 많은 계산 문제의 처리가 부정확하기 때문이다. 4학년이 되면 같은 자릿수끼리의 곱셈과 나눗셈 문제가 많아진다. 그런데 큰 수의 연산을 거의 하지 않았기 때문에 어딘가에서 계산에 실수하게 된다. 곱셈이나 나눗셈의 연산 과정에서는 반드시 많은 자릿수의 덧셈과 뺄셈이 따라 나온다. 특히 뺄셈을 확실하게 못하는 아이는 참혹하다 싶을 정도로 시험 점수가 떨어진다. 여섯 자릿수를 10회 빼는 계산에서는 뺄셈 대부분의 형태가 나온다. 단, '0'이 여러 개 들어간 문제는 따로 만들어야 한다. 익숙해지면 거의 자동적으로 편하게 연산한다.

이 힘을 키우는 데는 그다지 많은 시간이 필요치 않다. 하루에 10분, 많아야 20분 정도의 연습으로 충분하다. 학교나 가정에서 그 정도는 꼭 해야 한다. 계산력이 부족하면 수학적 사고력을 높일 수 없다.

🎓 왕복 계산

덧셈, 뺄셈에 숙달되면 이번에는 곱셈과 나눗셈이다. 이것은 힘들이지 않고 쉽게 목표를 달성할 수 있다. 구구단만 빨리 할 수 있으면 중학년, 고학년은 아래와 같은 계산을 매일 한두 문제 풀면 충분하다.

임의의 두 자릿수를 처음에 쓰고, 2부터 차례로 곱해 간다. 9까지 곱하면 이번에는 나눗셈을 한다. 역시 2부터 나눈다. '3, 4, 5' 식으로 차례로 나눠 나가서 9까지 나누면 답은 처음의 수가 된다. 나는 이것을 왕복 계산, 또는 엘리베이터 계산이라고 부른다. 계산 능력이 처지는 아이는 20분이 걸려도 풀지 못한다. 그러나 매일 한 문제씩 연습하다 보면 20~30일 만에 5분이 채 걸리지 않는다. 5학년이라면 하루 10분씩 매일 풀게 하면 2개월 정도면 2분 내에 끝낸다. 이 정도면 어른보다 빠르다. 자릿수가 많은 곱셈, 나눗셈에도 기죽지 않는 힘이 키워진다.

계산 연습을 시키는 방법은 많다.

$$
\begin{array}{r}
47 \\
\times \quad 2 \\
\hline
94 \\
\times \quad 3 \\
\hline
282 \\
\times \quad 4 \\
\hline
1128 \\
\times \quad 5 \\
\hline
5640 \\
\times \quad 6 \\
\hline
33840 \\
\times \quad 7 \\
\hline
236880 \\
\times \quad 8 \\
\hline
1895040 \\
\times \quad 9 \\
\hline
\end{array}
$$

$$
\begin{array}{rr}
2) & 17055360 \\
\hline
3) & 8527680 \\
\hline
4) & 2842560 \\
\hline
5) & 710640 \\
\hline
6) & 142128 \\
\hline
7) & 23688 \\
\hline
8) & 3384 \\
\hline
9) & 423 \\
\hline
& 47 \\
\end{array}
$$

곱셈 기초 계산

×	8	3	6	0	4	7	1	5	9	2
8										
3										
6										
0										
4										
7										
1										
5										
9										
2										

100문제 푸는 데 필요한 시간(3학년 기준)

🌱 성적이 상위인 아이 ⋯ 2분 이내

🌱 성적이 중위인 아이 ⋯ 3분 전후

🌱 성적이 하위인 아이 ⋯ 4분 이상

그러나 가장 근본이 되는 것은 1학년 때 배운 덧셈, 뺄셈, 2학년 때 배운 구구단 같은 기초 계산의 연습이다. 모눈종이처럼 칸을 만들어서 100문제를 연습시키는 것이 효율적이다.

기초 계산은 단순히 이해나 습득 단계에 머물러선 안 된다. 습득에서 열의를 갖고 배우는 것으로, 체득에서 숙달 단계로 끌어올려야 한다. 저학년 시기에는 그렇게 할 수 있는 시간적인 여유가 있다. 기초 계산에 숙달하면 자릿수가 많은 수의 계산 조작에 빠르고 정확하도록 9회 덧셈, 10회 뺄셈, 왕복 곱셈, 왕복 나눗셈으로 진행하면 된다.

🎓 모든 아이에게 자신감과 의욕을

계산 능력은 일정 수준까지는 노력에 비례해 정확도와 속도가 향상된다. 노력만 하면 어떤 아이든 성과를 거두어 성취욕을 느낄 수 있다. 저학력 아이나 학업부진아로 불리는 아이는 학습이라는 과정 속에서 성공을 거둔 경험이 거의 없다. 어차피 자신은 안 된다는 깊은 열등감과 무력감을 갖고 있다.

그러나 계산 연습을 철저히 시키면 그 실적을 통해 지금까지의 부정적인 체험을 극복할 수 있다. '나도 하면 된다', '나도 할 수 있다'며 자신에 대한 평가가 달라진다. 긍지가 싹트고 자신감이 붙는다. 이 자신감과 긍지가 바로 자주성의 원천이다.

계산을 정확하고 빠르게 하기 위한 엄격한 연습은 아이를 계산 기계로 만들기 위해서가 아니다. 일정 기간 집중적인 노력을 함으로써 자신에 대한 긍지와 자신감을 회복시키는 가장 실제적인 학습법이기 때문이다. '하면 된다'는 자신감은 더욱 높은 학력 획득을 위한 원동력이 된다. 많은 사고력을 필요로 하는 문제, 면밀한 조사, 장기간에 걸친 관찰 등 다면적이고 고차원적인 학습을 위해서는 한 가지에 집중해 지속하는 힘이 반드시 필요하다. 계산을 정확하고 빨리 하는 연습은 새로운 학력 획득을 위한 자질과 습성을 보다 강하게 한다는 점에서도 탁월한 효과가 있다. 계산력을 키우는 것은 학력 전체를 향상시키는 견인차가 된다. 그리고 아이 스스로 의욕적으로 공부하는 계기가 된다.

계산을 잘한다고 해서 무조건 수학을 잘하는 것은 아니다. 하지만 노력하면 나아진다는 경험은 아이에게 강한 자신감을 가져다준다. 그것은 자기교육운동 능력을 비약적으로 강화한다. 또한 인격 발달에도 크게 도움이 된다. 또한 학습 부진을 예방하고, 저학력 상태에서 헤매는 아이에게 학력 회복을 위한 한 줄기 희망의 빛이 된다. 아이에게 이토록 적합한 학습은 없다. 마치 스포츠를 즐기듯 즐겁고 재미난 공부가 된다. 우리는 계산력 향상의 발달적 의의를 다시 새롭게 인식할 필요가 있다.

가정 학습에 대한
조언

🎓 즐길 수 있는 공부 방식을 택하라

아이들은 누구나 공부라고 하면 어렵고 힘들게 느껴진다. 일본어로 공부는 '벵쿄(勉強)'라고 한다. '勉'(힘쓸 면)이라는 한자 자체가 그것을 나타낸다. 免자 위쪽의 'ク'는 여성의 뒷머리, '口'는 여성의 엉덩이(臀部), '儿'는 양 다리를 벌린 모습이다. 그것은 출산할 때의 자세다. '免'에 '女' 변이 붙으면 분만(分娩)이 된다. 이것은 좁은 곳을 통해 아기를 낳을 때 힘껏 힘을 주는 것을 나타낸 글자이다. 벵쿄는 그것을 더욱 강하게 하는 것이니 얼마나 힘들고 고통스러운 일인가.

요즘 어른들은 대부분 고등학교, 대학교를 차례로 진학했다. 초등학생 때부터 학원에 다니며 입시 공부에 내몰린 세대이기도 하다. 당시의 부모들은 아이의 얼굴만 보면 "빨리 공부해!", "숙제, 다 했니?" 하고 말했다. 성장해 이제 부모가 된 그들은 자신들이 부모에게 들었던 것보다 더욱 강하게 자녀들을 채근한다.

옛날에 비하면 지금 초등학교 저학년, 중학년의 교과 내용은 상당히 어렵다. 학교에서 가르치는 것만으로는 아이들이 제대로 이해하지 못한다. 겨우 이해했다고 해도 습득한 능력—체화한 학력—이 되기가 쉽지 않다. 그래서 며칠 후면 기억한 것도 가물가물하고 알아도 척척 해내지 못한다. 미덥지 못한 학력이 되는 것이다.

공부를 해도 잘 모르니 느릴 수밖에 없어 언제 끝날지 모른다. 그래서 얼마 지나지도 않았는데 지쳐 결국 녹초가 되어버린다. 그런 아이에게 "정신 차려!", "열심히 안 할 거야?", "처음부터 포기하면 안 돼. 노력과 끈기가 중요해" 하고 아무리 잔소리해 봤자 소용이 없다.

공부는 고통이 아니다. 자신의 학력과 능력이 향상되는 것은 아이에게도 즐거운 일이다. 그런데도 고행이나 괴로움으로 느껴지는 것은 공부 방식에 치명적인 결함이 있기 때문이다. 그것을 경험적으로 알고 있는 부모들은 아이를 심하게 나무라며 공부를 강요하지 않는다. 아이가 참지 못해 울거나 반항할 정도로 몰아붙이지 않는다. 그러나 그렇다고 해서 방치해버리면 참혹할 정도의 저학력아로 전락시킬 위험이 있다.

5학년 학급의 담임을 맡았던 어느 해 나는 학년 초에 학력의 기초인 '읽기, 쓰기, 계산' 능력의 정도를 조사했다. 읽기는 지금까지 배운 한자를 얼마나 정확히 읽을 수 있는지를 조사했다. 아이들 대부분이 1, 2, 3학년 때 배운 한자의 음과 훈은 모두 읽었다. 그런데 4학년 때 배운 한자의 음과 훈 모두를 정확히 읽는 아이는 거의 없었다. 내가 맡은 학급뿐 아니라 다른 학급도 마찬가지였다.

쓰기는 한자를 정확히 쓸 수 있는지를 알아보았다. 4학년 때 배운 한자를 축으로 저학년 때 배운 것도 포함해 음 읽기, 뜻 읽기를 합해 800자를 출제했다. 30분 동안 쓰게 했는데 가장 빠른 아이는 600자를 썼다. 오자도 전혀 없이 어른 수준이었다. 다른 아이들은 보통 200자 정도이고, 틀린 글자가 10~20% 정도였다.

학력이 꽤 낮다고 여겨지는 아이는 불과 30자밖에 쓰지 못했다. 그 정도 수준의 아이가 반에서 10%나 됐다. 1분에 한 자밖에 쓰지 못하는 것이다. 어떻게 쓰는지 나름 깊이 고민하고, 곰곰이 생각해냈지만 거의 대부분을 틀리는 비참한 결과였다. 그 아이들이 제대로 쓴 것은 대략 15자 정도다. 똑같이 30분 동안에 했는데도 고학력인 아이는 보통 아이의 4배, 저학력 아이의 30~40배의 속도와 정확도를 갖고 있다.

계산력 진단에서는 '네 자릿수 × 네 자릿수' 문제를 냈다. 세 자릿수의 곱셈은 4학년 때 배우지만 네 자릿수 곱셈은 학교에서는 다루지 않는다. 하지만 세 자릿수 곱셈을 정확히 할 수 있는 아이라면 계산 방식을 금방 습득한다.

다음과 같은 문제였다. 한 문제를 제대로 풀면 합격이다. 틀린 아이에게는 정확한 방식을 가르쳐주고 다시 한 문제를 풀게 했다.

$$① \quad 7869 \\ \underline{\times \ 5423}$$

$$② \quad 6597 \\ \underline{\times \ 3824}$$

40명 중 성적이 상위권인 5명은 30초~1분 만에 풀었다. 중위권인 아이는 2~4분 정도 걸렸다. 계산력이 약한 15명의 아이는 10분 이상 걸렸다. 30분이 지나도 풀지 못하는 아이도 있었다. 그 아이는 곱셈의 구구단도 제대로 외우지 못했다. 입학하고 여덟 번이나 전학을 한 그 아이는 공부를 봐줄 여유가 전혀 없을 만큼 집안 상황이 어려운 아이였다.

나는 4월 한 달 내내 매일 10문제씩 이런 계산을 숙제로 내주었다. 단, 20분 안에 모두 풀도록 지시했다. 빨리 푸는 아이는 10분이면 끝낸다. 하지만 보통은 한 문제에 3분씩, 20문제에 60분이지만 실제로는 가끔 쉬기도 하니까 1시간 반 정도 걸린다. 계산력이 약한 아이는 한 문제에 20분 정도씩 20문제를 다 풀려면 400분이 소요된다. 저녁 식사 시간까지 합해서 8시간이 넘게 걸린다. 그러나 그렇게 할 수는 없어서 20분으로 제한했던 것이다.

그런데 사흘 정도 지나자 비명을 지르는 아이가 있었다. "엄마가 왜 이렇게 느리냐고, 이런 문제도 못 푸느냐며 화를 낸다"는 얘기였다. 계산의 기본이 잡혀 있지 않은 아이였다. 그런 아이는 방과 후 교실에 남아서 100칸 계산부터 다시 시작했다. 그래도 고학년은 고학년이다. 1학년이나 2학년과 달리 매일 30분씩 20일 동안 연습시키자 100문제를 2분 전후로 풀 수 있을 만큼 좋아졌다. 4배나 빨라진 것이다. 거기에 자신감을 얻었는지 차례로 다음 단계 계산 연습에 도전했다. 1학기 말에는 1명을 제외하고 모든 아이가 5학년 수준의 계산은 척척 풀 수 있게 되었다. 그러나 1명은 아무리 해도 한 자릿수 덧셈밖에 하지 못했다. 손가락을 사용하고, 타일로 가르치고, 동전과 나무막대기, 블록을 모두 동원해도 제대로 세지 못했다. 나는 아직도 그런 아이의 수량 인식을 제대로 발달시킬 수 있는 확실한 방법을 모른다.

계산력이 약한 아이를 정상 수준까지 끌어올리는 일은 저학년보다 고학년이 수월하다. 단기간에 정상 수준에 이르게 할 수 있다. 보통 고학년이 될수록 학력차가 심해져 고학년이나 중학생이 되면 더 이상 학력 회복이 불가능하다고 생각하지만 사실은 그렇지 않다. 아이 스스로 실천을 통해 공부를 계속하면 반드시 학력이 향상된다는 것을 느끼기만 하면 학습 의욕이 맹렬하게 샘솟는다. 그런 체험을 위한 공부로 계산 연습만큼 적절한 게 없다. 본인의 노력에 비례해 정확도와 속도, 즉 '정확성×빠르기'식으로 학력이 신장되기 때문이다.

계산을 잘하는 아이는—초등학생의 경우— 일반적으로 수학 성적이 좋다. 계산력이 신통치 않은데 수학 성적이 뛰어난 아이는 단 1명도 없다. 5학년 초가 되면 수학을 잘하는 아이들은 보통 아이의 5배, 못하는 아이의 40배 정도의 계산 처리 능력을 갖고 있다. 잘하는 아이라면 웬만한 숙제는 집에 돌아가서 10분이나 20분 만에 끝낼 수 있다. 그러므로 밖에 놀러가거나 집에서 책을 읽거나 물건을 만들거나 하는 시간이 자연스럽게 많이 생긴다. 그래서 몸과 마음, 그리고 머리도 더욱 발달한다.

반면 계산력이 부족한 아이는 '시간이 걸린다 …… 몸이 피곤하다 …… 눈이 침침하다 …… 손가락이 아프다 …… 답은 늘 틀린다 …… 놀 시간이 없다'는 악순환에 빠져 있다. 결국 아이는 스트레스를 해소하기 위해 텔레비전에 빠져들기 때문에 또다시 악순환의 연속이다.

계산 연습은 가정에서 할 수 있는 가장 하기 쉬운 공부다. 부모는 답이 맞는지 틀리는지 정확히 알고 아이의 실수를 바로잡아줄 수 있다. 게다가 아이 자신도 매일 하는 연습으로 계산력이 점차 향상되는 것을 실감할 수 있다. 특히 100칸 계산은 출제가 간편하고 정답 수와 소요 시간 측정도 간단하다. 그래프로 그려보면 실력이 어떻게 향상되었는지 분명하게 알 수 있다.

🎓 100칸 계산은 한 아이의 기발한 아이디어

내가 적극적으로 이용하는 100칸 계산은 사실 내 아이디어가 아니다. 오래 전 2학년 아이들에게 구구단을 가르칠 때 한 아이에게서 나온 아이디어다. 일단 구구단 공부를 끝내고 어떤 구구단도 술술 외울 수 있도록 총 복습을 하기 시작했다. 칠판에 '6×8', '3×7' 하고 문제를 쓰면서 아이들에게 연습을 시켰다. 보통 때는 구구단 문제를 만들어 인쇄한 프린트를 나눠주곤 했다. 그러나 그 날은 학교 프린트물이 밀려 있어 만들지 못했기 때문에 아이들에게 문제를 직접 베껴 쓰게 했다. 나는 문제를 쓰면서 미리 답을 생각할 수 있기 때문에 이것도 좋은 방법이라고 나름 생각하며 칠판 가득 문제를 냈다. 그런데 팔이 점점 무거워지면서 힘들어졌다. '또 어떤 문제가 있을까'를 생각하다 보니 어깨 위쪽으로 팔을 올려 쓰게 된다. 점점 팔이 아파 가끔 쓰기를 멈추고 쉬었다. 베껴 쓰는 아이들도 힘들었을 텐데 대부분의 아이들은 열심히 베껴 쓰고 답도 쓰고 있었다.

그런데 한 남자 아이만 입에 연필을 물고 두 팔을 위로 올리면서 하품을 했다. 그 다음에는 멍하니 칠판만 볼 뿐 아무것도 하지 않았다. "제대로 해!" 하고 주의를 주었지만 "힘들어요,

그만해요" 하며 짜증을 냈다. "하지 않으면 구구단을 완벽하게 못해!"라고 말해도 마찬가지였다. 그 아이는 "이런 거 힘들어요. 공책 표지 뒷면에 있는 구구단표 같은 문제라면 우리도 편할 텐데!"라고 말했다. 나는 "그렇게 하면 답을 그대로 베끼거나, 3단이라면 3씩 더해가면 되니까 구구단 공부가 되지 않아"라고 설명했다. 그러자 또 그 아이는 "아니에요. 1부터 9까지 마음대로 바꿔 쓰면 되잖아요" 하고 말했다. 처음에는 무슨 말인지 모르다가 곧바로 그 의미를 이해했다. 그렇게 하면 0단을 더했을 때 딱 100문제가 되어서 100점 만점으로 채점할 수 있다. 편리한 방법임이 분명했다.

나는 그 즉시 아이의 제안을 구체화했다. 0단과 1단은 답을 쓰는 것이 매우 쉽다. 그래서 무의미한 것 같지만 늘 7, 8, 6, 4단만 하면 한숨 돌릴 여유가 없다. 강도 높은 긴장이 연속해서 이어지는 것이다. 그러면 어린 아이에게 무리가 될 수도 있다. 조금 시간 낭비이기는 해도 0단이라면 위에서 아래까지 '000……0'이라고 쓰면 되고, 1단은 왼쪽 칸의 곱하는 수와 똑같은 수를 그대로 옮겨 쓰면 정답이 된다. 그것이 지속되는 긴장을 잠시 풀 수 있는 이완이 된다. 한숨 돌리는 그늘이 되는 것이다. 그래서 나는 0단과 1단도 꼭 넣게 되었다.

100칸 계산의 예시

	1	5	9	2	7	4	6	8	3	0
6	6	30	54	12	42	24	36	48	18	0
2	2	10	18	4	14	8	12	16	6	0
7	7	35	63	14	49	28	42	56	21	0
0	0	0	0	0	0	0	0	0	0	0
9	9	45	81	18	63	36	54	72	27	0
3	3	15	27	6	21	12	18	24	9	0
5	5	25	45	10	35	20	30	40	15	0
1	1	5	9	2	7	4	6	8	3	0
8	8	40	72	16	56	32	48	64	24	0
4	4	20	36	8	28	16	24	32	12	0

아이들은 이렇게 100칸 계산을 사용한 구구단 연습을 몹시 좋아했다. 그래서 매일 아침 당번이 빨간색 분필로 두 문제를 내면 반 아이들이 공책에 쓰는 일을 거의 두 달 동안 계속했다. 당번은 칠판에 ①1592746830(가로행) ②6270935184(세로행)를 쓴 후 스톱워치로 빨리 푼 순서대로 시간을 잰다. 아침 직원 조회가 길어져 내가 교실에 없어도 아이들은 진지하게 100칸 계산에 열중했다. 일요일과 휴일은 가정에서도 하도록 200문제씩 숙제로 내주었다.

처음 시작할 무렵에는 빠른 아이가 5분, 느린 아이는 20분이 지나도 전부 하지 못했다. 그래도 계산 연습은 항상 10분을 넘지 않도록 했다. 그렇지 않으면 다른 수업을 할 수 없다. 한 달이 지나자 6,000문제, 두 달이 됐을 때는 만 몇천 문제나 연습했다. 반 수 가까운 아이가 숙제로써가 아니라 스스로 문제를 만들어 풀었다. 빠른 아이는 하루에 1,000문제나 풀었다. 아이들은 "재미있어요", "형하고 내기했어요", "엄마를 이겼어요!" 하고 매일 아침 100칸 곱셈의 연습 성과를 보고했다. 아이들은 이제 스포츠처럼 즐거운 기분으로 해냈다.

만일 모두가 선생님 말에 순종하는 성실한 아이였다면 이 방식은 탄생하지 못했을 것이다. 오히려 약간 게으름뱅이에

귀차니스트, 공부에 크게 흥미가 없는 아이였기 때문에 이런 멋진 공부법을 발견한 것이다. 학력 면에서 약간 뒤처져 있고 게으름만 피우는 것처럼 보이는 아이, 깜박하는 것도 많고 부산스러워서 끈기가 없는 아이, 부모가 봤을 때 칭찬할 점이 별로 없는 그런 아이에게 사실은 매우 뛰어난 발상력과 다른 사람은 생각지 못한 독창성이 감춰져 있는 경우가 많다. 단지 그 힘을 발휘할 상황을 만나지 못하는 것뿐이다. 어느 아이든 그런 힘을 갖고 있다.

아이가 진지하게 공부하게 되는 것은 100칸 계산에 도전하는 과정에서 많이 볼 수 있다. 특히 반 친구 가운데 자신보다 잘한다고 생각했던 아이를 따라잡고 앞섰을 때, 형이나 오빠보다 정확하고 빨리 할 수 있게 됐을 때다. 그리고 부모를 따라잡은 아이도 나온다. "아빠가 나한테 졌다고 했어요!" 하고 자랑스럽게 말하는 아이도 있었다.

이런 체험을 해본 아이는 부모 잔소리가 없어도 스스로 알아서 공부한다. 부모가 꿈꿨던 날이 드디어 현실이 되는 것이다. 이제 부모가 아이에게 하는 말도 달라진다. "공부도 좋지만 이제 그만 하고 내일 해. 얼른 자. 건강이 제일이라구!" 하고 말이다.

많은 부모들이 아이에게 공부 시킬 때면 명령조로 말한다. 그리고 아이의 기분을 더욱 나쁘게 하는 "그래서 네가 공부를 못하는 거야" 식의 꼬리표를 꼭 붙인다. 부모에게 야단맞은 아이에게 공부할 마음이 생길 리 없다. 부모의 사랑과 배려가 무엇보다 필요하다. 학력이 높거나 성적이 좋은 아이는 하나같이 "저는 아빠한테 혼나거나 맞은 적이 한 번도 없어요", "엄마는 잔소리를 안 해요. 그리고 모를 때 물어보면 알 때까지 상냥하게 가르쳐줘요"라고 말한다. 아이들의 지적인 발달에 야단을 치거나 욕설을 하는 것은 절대 금물이다.

또, 성적이 부진한 아이에게 장시간 학습을 강요하는 것은 부작용만 낳을 뿐이다. 초등학생은 아직 몸도 마음도 완전히 성장하지 않았다. 같은 자세로 1시간 이상 공부를 계속하는 것은 무리다. 생리적으로나 심리적으로 고통이 되어 학력 향상 면에서는 오히려 마이너스가 된다. 초등학생 때는 아직 어려서 반항하지 못하고 부모 명령에 복종하지만 사춘기가 되면 억압된 에너지는 폭발한다. 등교 거부, 가정 내 폭력, 또는 비행이나 공부 기피를 비롯해 몸과 마음의 병, 신경증이 되어 나타날 가능성이 높다.

공부란—학교에서도 그렇지만 특히 가정 학습은— 근본적으로 즐겁게 할 수 있어야 한다. 하기 싫거나 의무감 때문에 할 수 없이 하는 공부는 힘도 붙지 않고 시간만 낭비하는 꼴이다. 이것은 나아가 인생의 낭비다.

자녀가 저학력아인 경우라면 부모로서 상당히 초조할 것이다. 그래서 다른 아이보다 좀 더 오래 공부시키고 더 많은 문제집을 풀리고 싶을 것이다. 하지만 그렇게 할수록 점점 더 공부하기 싫어하는 아이로 만들 뿐이다. 육체적으로 부모보다 강해진 시점이 되면 공공연히 부모에게 반란을 일으킬 부정적인 에너지를 축적시키는 결과만 만든다.

아이가 95점을 받아왔다면 진심으로 기뻐해주자. 90점이면 "잘했어. 됐어" 하고 살짝 미소 짓는다. 100점은 쉽게 받을 수 있는 점수가 아니다. 사실 부모도 거의 받지 못했을 점수가 아닌가! 아이가 100점을 받아 왔다면 가족 모두 "정말 잘했어, 대단하다!" 하고 축하해야 마땅하다. "다음에도 잘해라"라고 덧붙이는 말은 필요없다. 아이는 부모가 가만히 있어도 열심히 한다. 100점 받는 것이 얼마나 어려운지는 모두가 잘 알고 있다. 그러니 불필요한 말은 하지 않는 게 좋다. 80점이라도 기뻐해주자. "그럭저럭 잘했네. 다음에는 좀 더 잘하자" 하고 격려한다.

50점, 30점을 받아와도 절대 야단치면 안 된다. 칭찬할 수는 없겠지만 "좀 더 노력해야겠다", "복습이 부족했나 봐"라는 정도에서 그쳐야 한다. 아이는 이미 학교에서 시험지를 돌려받았을 때 큰 충격을 받는다. 잔뜩 상처를 안고 있는 상태이다. 쓰라린 마음에 부모의 호된 꾸지람은 상처를 더욱 깊게 하고 아픔만 줄 뿐이다.

"30점이야? 음, 점수가 낮네. 하지만 다음에 제대로 복습하면 60점 정도는 받을 수 있을 거야. 2배나 좋아지는 거지. 응원해줄 테니까 잘해봐. 배고프지? 간식 먹고 일단 나가서 놀다 오렴. 그리고 저녁 먹기 전에는 돌아와서 숙제할 거지?"라고 말한다. 낮은 점수에 대해 역발상으로 '지금부터 더 잘할 수 있는 여지가 있다!'는 희망을 갖게 해주는 것이다. '100점을 받은 아이라면 더 이상 좋은 점수를 기대할 수 없지만 내 아이는 점수를 크게 높일 가능성이 있다. 2배 이상 올릴 수 있을 거라고 기대할 수 있다.' 이런 부모의 여유가 아이를 안심시켜 의욕을 끌어내는 계기가 된다.

100칸 계산 연습에서 한 가지 주의할 점은 부모 입장에서 계산이 느리다거나 틀린 것이 많다는 냉정한 평가다. 지금 오답이 많은 아이, 지금 빨리 풀지 못하는 아이일수록 노력에 따라 석 달 후에는 상상을 초월할 만큼 정확하고 빠르게 풀 수 있을지 모른다. 그 정도까지는 아니어도 꽤 막힘 없이 풀 수 있는 건 분명하다. 그것을 기대하면 된다. 따라서 "어제보다 빠르네", "그저께보다 세 문제 더 풀었어", "일주일 전만 해도 100점은 아니었는데 이번 주는 계속 100점이야", "한 달 전보다 2배나 더 잘하네" 하고 이전에 비해 어떻게 달라졌는지에 대해서만 평가하는 것이 좋다.

"누구보다 느리다", "누구에게 지지 마라" 등의 이야기는 점점 더 공부하기 싫어하는 아이로 만들 뿐이다. 인간답게 잘 성장하고 있는 아이는 사람을 짓밟고, 앞지르고, 이기는 것을 어른이 생각하는 만큼 기쁘게 받아들이지 않는다. 마음이 곱고 상냥한 아이일수록 더욱 그렇다. 그러므로 아이가 노력해서 차츰 향상되는 모습 자체를 기뻐해주자. "이전에는 느리고 못했는데 매일 조금씩 공부해서 지금은 이 정도까지 좋아졌네"라고 말해주라. 가족 모두가 아이의 노력에 박수를 쳐주는 가정 분위기야말로 학력 향상의 열쇠다.

또한 가정에서의 학습 시간은 반드시 아이의 발달 과정에 맞추어야 무리가 없다. '학년×10분', 혹은 '학년×20분'이 기준이다. 그러므로 1학년은 10~20분, 3학년은 30분~1시간, 6

학년이면 1~2시간이 된다. 숙제 시간을 포함해 약간 적은 정도, 즉 '학년×10분'이 제일 효과가 크다. 그것으로 안 된다면 쓰기 능력이나 계산력이 그 학년 수준까지 오르지 않았다는 얘기다.

아이의 학력은 하루 아침에 향상되지 않는다. 짧은 시간이라도 매일 계속하면 100일 후에는 반드시 성과가 나타난다. 반 년 후에는 선생님도, 부모도, 반 친구도 모두 깜짝 놀랄 만큼 실력이 붙는다. 학력의 기초인 읽기, 쓰기, 계산 연습을 매일 착실하게 실천하는 것만이 장래에 높은 학력, 전문적 학력을 획득하는 대전제가 된다.

안타깝게도 요즘의 교육 풍토에서는 읽는 힘, 쓰는 힘, 탄탄한 계산력을 그다지 중시하지 않는다. 그러나 가정과 학교에서 학력의 기초를 제대로 습득하고 구체화시키는 일은 아이의 장래, 나아가 나라의 장래를 위해 가장 중요한 실천 과제이다.

기본 나눗셈 C유형 100문제

10÷3=	15÷8=	26÷9=	41÷7=	53÷9=
10÷4=	15÷9=	30÷4=	41÷9=	54÷7=
10÷6=	16÷9=	30÷7=	42÷9=	54÷8=
10÷7=	17÷9=	30÷8=	43÷9=	55÷7=
10÷8=	20÷3=	30÷9=	44÷9=	55÷8=
10÷9=	20÷6=	31÷4=	50÷6=	60÷7=
11÷3=	20÷7=	31÷7=	50÷7=	60÷8=
11÷4=	20÷8=	31÷8=	50÷8=	60÷9=
11÷6=	20÷9=	31÷9=	50÷9=	61÷7=
11÷7=	21÷6=	32÷7=	51÷6=	61÷8=
11÷8=	21÷8=	32÷9=	51÷7=	61÷9=
11÷9=	21÷9=	33÷7=	51÷8=	62÷7=
12÷7=	22÷6=	33÷9=	51÷9=	62÷8=
12÷8=	22÷8=	34÷7=	52÷6=	62÷9=
12÷9=	22÷9=	34÷9=	52÷7=	63÷8=
13÷7=	23÷6=	35÷9=	52÷8=	70÷8=
13÷8=	23÷8=	40÷6=	52÷9=	70÷9=
13÷9=	23÷9=	40÷7=	53÷6=	71÷8=
14÷8=	24÷9=	40÷9=	53÷7=	71÷9=
14÷9=	25÷9=	41÷6=	53÷8=	80÷9=

나눗셈은 위의 표 C유형 연습(이 책에서는 지면 관계 상 A형과 B형은 생략했다)을 순서를 바꿔가면서 충분히 풀게 한다. 매일 한 번씩 10분 동안 연습시킨다. 10분 동안 전부 풀지 못해도 일단 할 수 있으면 된다. 중학년 때 실수하는 요인을 없애기 위한 공부다. 초조해하지 말고 성실하게 연습시킨다. 이 C유형을 빠르고 정확히 풀 수 있으면 절대로 나눗셈을 싫어하지 않는다.

《초등 공부력의 비밀》은 처음 출간된 후 지금까지
30년이 훌쩍 넘도록 많은 사람에게 읽히고 있다.
시간이 지나도 여전히 이 책이
힘을 갖는 이유가 무엇일까.

물고기 잡는 법을 가르쳐줄까?

사회가 발전할수록 많은 것이 변화한다. 좋은 쪽으로든 나쁜 쪽으로든, 아무튼 변화는 일어난다. 그래서 지금 시대는 변화에 빠르게 적응하거나 재빨리 궤도 수정하는 힘이 생존에 관계하는 능력이 되었다.

특히 자녀교육이 그렇다. 교육 백년대계라는 말이 무색할 만큼 이리저리 바뀌는 교육정책 때문에 부모의 레이더는 쉴 새 없이 움직인다. 뭔가 작은 변화라도 감지되면 재빨리 궤도 수정을 해야 하기 때문이다. 여기서의 궤도 수정은 대개는 아이를 위한 사교육 프로그램의 개편이다.

뭔가 이상하다, 잘못되었다는 것은 알지만 아무튼 '교육'에 관해서는 다들 할 말이 많고, 이리저리 얽혀 있는 상황 때문에 그 이상하고, 잘못된 점에 대해서 쉽게 건설적인 답을 내지 못한다.

이웃나라 일본도 크게 다르지는 않아 보인다. 하지만 교육 정책이 실패했을 때 순순히 인정하고 궤도를 수정하는 모습은 부러운 것이 솔직한 심정이다.

2002년 일본은 창의성과 자율성 강화라는 거창한 취지를 내세우며 전국 초·중학교를 대상으로 유토리(여유) 교육을 실시했다. 이 교육의 골자는 한마디로 학습내용의 대폭 삭감이다. 그런데 토요 휴업제는 체험활동 양극화라는 부작용을 낳았고, 무엇보다 전체적인 학력 저하로 현재 11~28세에 해당하는 유토리 세대는 치열한 경쟁사회에 적응하지 못하는 사회문제를 초래했다. 결과적으로 일본 정부는 2011년 유토리 교육이 잘못된 정책임을 인정하고 교육 자체를 완전히 폐지시켰다.

이 과정에서 많은 교육전문가와 관계자가 토론을 벌였는데, 사실은 이런 일을 이미 30년 전에 예측한 사람이 있었다. 바로 이 책의 저자 기시모토 히로시 선생님이다. 초등학교 교사였던 그는 '보이는 학력, 보이지 않는 학력'이라는 개념을 처음으로 주장해 교육 현장의 수많은 교사들로부터 큰 공감을 얻었다.

기시모토 선생님의 '보이는 학력, 보이지 않는 학력'은 단순한 학습 교육을 넘어 '인간 교육'의 필요성을 강조한 것으로, 지금 주목하는 초등생의 '공부력'에 대해 암시하는 내용이 많다.

선생님은 자신의 생각을 경험과 함께 글로 정리해 책으로 출간했는데 그 책이 바로 이《초등 공부력의 비밀》이다.

《초등 공부력의 비밀》은 1981년 처음 출간된 후 지금까지 30년이 훌쩍 넘도록 많은 사람에게 읽히고 있다. 시간이 지나도 여전히 이 책이 힘을 갖는 이유가 무엇일까.

그것은 어린 제자가 사회에서 '어른'으로 살아갈 수 있는 힘을 키워주고 싶은 '사랑'이 담겨 있기 때문일 것이다.

아이를 위해서는 '물고기를 잡아주지 말고 물고기 잡는 법을 가르치라'고 했다. 지금 우리의 교육을 생각할 때, 기시모토 선생님의 말은 많은 힌트를 줄 것이다.

그렇게 생각하고 가만히 책과 마주하니 마치 선생님의 목소리가 들리는 듯하다.

"얘들아, 물고기 잡는 법을 가르쳐줄까?"

2015. 홍성민

아이를 학원에 보내기 전에
엄마가 꼭 알아야 할

초등 공부력의 비밀

초판 1쇄 발행 2015년 8월 17일
초판 4쇄 발행 2018년 8월 16일

지은이 기시모토 히로시
기획 · 옮긴이 홍성민
감수 남미숙
펴낸이 김현숙 김현정
펴낸곳 공명
출판등록 2011년 10월 4일 제25100-2012-000039호
주소 03925 서울시 마포구 월드컵북로 400 문화콘텐츠센터 5층 7호
전화 02-3153-1378 | **팩스** 02-3153-1377
이메일 gongmyoung@hanmail.net
블로그 http://blog.naver.com/gongmyoung1
ISBN 978-89-97870-09-7 03370

이 도서의 국립중앙도서관 출판시도서목록(CIP)은 서지정보유통지원시스템
홈페이지(http://seoji.nl.go.kr)와 국가자료공동목록시스템(http://www.nl.go.kr/kolisnet)에서
이용하실 수 있습니다.(CIP제어번호: CIP2015018884)